# PUEDO, PUEDES... ¿PODEMOS?

## ¿Innovación política o populismos?

**I parte de la pentalogía
EL AMANECER DE UNA DEMOCRACIA INESPERADA**

## Luis de la Rasilla

**Edición con acceso libre a la versión digital en *pdf*
2021**

*A la profesora*
***Cristina del Moral Ituarte***[1]

---

[1] A quien dediqué la tesis doctoral de la que este libro procede parcialmente: *A la profesora Cristina del Moral Ituarte —que ha asumido en solitario todas nuestras responsabilidades conjuntas, contribuyendo decisivamente a generar las estrictas condiciones de autonomía política personal sin las que el trabajo de toda una vida hubiese resultado inviable— y a nuestros hijos Ignacio y Margarita*

# ÍNDICE


Autor   9

UN CONVULSO DÍA DE PRIMAVERA...   13
Presentación general

UN VIAJE FANTÁSTICO   35
A modo de introductor lógico

Capítulo 1   77
CIUDADANÍA *VERSUS* ECOCIUDADANÍA

Capítulo 2   97
EL PROCESO D+A Y LOS PRINCIPIOS
ESTRUCTURALES DEL MODELO DE
PARTICIPACIÓN FRACCIONADA

CONCLUSIONES   133

VOCABULARIO DE LA PARTICIPACIÓN   137
FRACCIONADA

ANEXOS   147
Intervención del Prof. Ramón Soriano en el acto de
defensa pública de la tesis de Luis de la Rasilla

*CÓDIGOS QR*   153

# LUIS DE LA RASILLA

Sevilla, 1948.
luisdelarasilla@gmail.com

Doctor. Licenciado en Ciencias Políticas, Estudios Internacionales. Fue secretario general de la UEF (Unión Europea de Federalistas, España) y promotor, a finales de los setenta, de la Asociación para la Integración Europea (AIE) y de la Sociedad Iberoamericana de Estudios Europeos (SIAE). Ha sido profesor de Derecho Internacional y Relaciones Internacionales en la UNED y en las Universidades de Sevilla y Huelva; Jefe del gabinete técnico del rectorado de la UNED y director de su Programa en Guinea Ecuatorial; subdirector de la Universidad Hispanoamericana de la Rábida y vicedecano de la Facultad de Derecho de la Universidad de Huelva.

En 1988 presentó al Congreso de los Diputados un *Informe-denuncia de la política española de cooperación con Guinea Ecuatorial* y un *Informe-propuesta para una nueva cooperación al servicio del autodesarrollo y la libertad en Guinea Ecuatorial* que inspiró la *Iniciativa Pacto de Madrid para la Democratización y el Autodesarrollo de Guinea Ecuatorial*, de marzo de 1989. Junto con el decano Ramón L. Soriano Díaz, catedrático de Filosofía del Derecho, presentó, en 1994, una *Queja al Defensor del Pueblo Andaluz* y un *Informe-denuncia al Parlamento de Andalucía* sobre el funcionamiento irregular de la entonces recién creada Universidad de Huelva. Es coautor con el prof. Ramón Soriano de *Democracia vergonzante y ciudadanos de perfil* (Editorial Comares, Granada, 2002). y autor de diversas publicaciones, entre ellas *Archimedes' Return or the Power of Imagination on the Streets,* *La cooperación al subdesarrollo de Guinea Ecuatorial. Oportunidades perdidas y propuestas frustradas en la década de los ochenta. Relato documentado de un cooperante* y *El amanecer de una democracia inesperada*, título genérico de la pentalogía que incluye las publicaciones que derivan de su tesis doctoral: *Puedo, puedes... ¿podemos?,* *Pasota o implicado,* *Asociacionismo blando y participación a la carta,* *El fin de la universidad... que conocemos* y *De la edición a la ediacción: en la senda de la actoescritura y la actolectura.*

Desde 1996 ha desarrollado, en el ámbito de INTER/SUR (proyecto no gubernamental para la innovación política) diversas propuestas educativas experimentales: *Cursos de verano de Doñana, Expediciones para la ecociudadanía, Travesías náuticas-debates en la mar, ALANDALUS 3.0 (alternativa luso, andaluza y norte-africana de diálogo y de acción local-global de los universitarios del sur), AMITIE (iniciativa para el apoyo mutuo y el intercambio transnacional entre instancias educativas), PAUTA/e 3.0 (Plataforma para la autoformación y la acción ecociudadanas), Interuniversidad abierta, Iniciativa RIC de Tánger (para la promoción de recursos interuniversitarios compartidos), WIKIACCIÓN (agenda virtual para la acción)...* y de iniciativa y control ecociudadanos —*OEGA (observatorio ecociudadano del Guadiana Atlántico), OCCCULO (observatorio de control ciudadano de la corrupción urbanística en el litoral onubense), Observatorio ciudadano de control de diputados y europarlamentarios, Observación popular (para el control ciudadano de la función judicial,* etc.

Un ensayo —*Eurídice y yo*— y una propuesta —*Plataforma multimodal de interconexión civeturística y ocupacional*— son sus últimas publicaciones, (2021) ambas al hilo de la COVID-19. Actualmente trabaja en la finalización de *Despierta la libélula*, tercera parte de la trilogía *Noticia de un amanecer fugaz.*

**NOTA DEL AUTOR**
**En la senda de la *actoescritura* y la *actolectura***


Tras el trabajo de investigación que llevé a cabo en el ámbito de la primera etapa del Proyecto INTER/SUR PARA LA INNOVACIÓN POLÍTICA ✂ publiqué *En la senda de la ecociudadanía: en torno al modelo y a la instancia de participación fraccionada*. Obra que, debidamente adaptada, defendí como tesis doctoral en la Universidad de Huelva: 🗁 *El modelo asociativo-decisional de participación fraccionada para la autoformación y la acción políticas en el horizonte de una ciudadanía mundial*.
**lee+ (4 pp) pág. 149**

A partir de la misma publiqué un texto más digerible —*La participación fraccionada*— al que siguieron otros que ampliaban algunos aspectos o trataban de exponer de manera más sucinta y amena mis ideas y propuestas concretas sobre la innovación política: *Archimedes' Return or the Power of Imagination on the Streets*, 🗁 *Al hilo del 15M... y de sus herederos...* 🗁 En 2017 decidí publicar una primera versión de *Puedo, puedes... ¿podemos?* y posteriormente opté por trasladar parte de su contenido, actualizado y más detallado, a las cuatro nuevas publicaciones que completan *El amanecer de una democracia inesperada*, título genérico de la pentalogía que incluye las restantes publicaciones que derivan de mi tesis doctoral: *Pasota o implicado,* 🗁 *Asociacionismo blando y participación a la carta,* 🗁 *El fin de la universidad... que conocemos* 🗁 y *De la edición a la ediacción: en la senda de la actoescritura y la actolectura.* 🗁

Aunque *Puedo, puedes... ¿podemos?* dispone de una versión electrónica, aún no *ediaccionada,* sí anuncia una apuesta ambiciosa y original: la inexorable transición de los modos de edición convencional y electrónica hacia la *ediacción*. Una modalidad inédita de la ecdótica que conlleva el tránsito de la escritura a la *actoescritura* y, por ende, de la lectura a la *actolectura*. Una iniciativa que, al incorporar en el texto recursos insólitos que brindan oportunidades de participación en los asuntos públicos (algo que impide la impresión en papel), hará actolector al *homo ociosus* del futuro. *Homo ociosus*, antes *depredator, cultor, faber, creator...* que, provisto de tan formidable útil para su adiestramiento cabal en el ejercicio directo de una nueva ecociudadanía o ciudadanía global, incrementará exponencialmente su cultura política y sus posibilidades de participación eficaz en defensa de intereses colectivos. Algo que desarrollo en *De la edición a la edicción*, obra a la que puedes acceder abriendo el correspondiente código QR incluido en el anexo.

El siguiente *código QR* brinda al lector la posibilidad de descargar libremente la última versión digital completa en formato *PDF*.

## SÍMBOLOS

*Noticia de un amanecer fugaz* utiliza tres tipos de recursos que pueden activarse en un soporte digital:
- Transmedia:
- Propios de la actoescritura:
- Facilitadores de la lectura: **recuerda, lee+, regresa...**

# UN CONVULSO DÍA DE PRIMAVERA...
## Presentación

> *Para el varón sabio son patria todos los lugares.*
> Séneca

> *La decadencia de una sociedad comienza cuando el hombre se pregunta ¿qué va a pasar?, en vez de ¿qué puedo hacer?*
> Denis de Rougemont

> *Hay que obrar sobre lo que aún no existe.*
> Lao Tze

> *La imaginación es más importante que el conocimiento.*
> Albert Einstein

> *Si no encontramos una forma de gobernar juntos democráticamente el mundo, iremos perdiendo el derecho y la capacidad de gobernar democráticamente una tras otras nuestras naciones.*
> Benjamín R. Barber

> *La democracia debe ser directa siempre que sea posible, una democracia ciudadana y sin líderes; excepcionalmente, democracia representativa.*
> Ramón Soriano

## EL 15 DE MAYO DE 2011

En medio de una profunda crisis económica y en plena degradación y obsolescencia del modelo representativo dominante, la rutina de una sociedad aletargada y pasota se vio alterada por una formidable movilización espontánea. Una joven ciudadanía indignada, al grito de *democracia real iya!*, se rebeló contra nuestra *democracia vergonzante* y comenzó a tantear nuevas modalidades de afrontar lo público en ágoras y redes sociales interconectadas globalmente. Imponente movilización de una gran masa, en su mayoría, de *ciudadanos de perfil,* cuya acción política apenas había pasado de acudir a rutinarias citas electorales y a frustrantes manifestaciones de protesta. "*Gracias* —les dijo Eduard Punset, uno de los escasos políticos españoles inteligentes— *por mantener viva una esperanza que llevamos cultivando desde hace mucho tiempo".* ¡Bienvenidos! —escribí entonces— ☞ si el ansia de innovar que se desprendía de sus multitudinarios debates llegase a ser el germen de innovaciones políticas de nueva generación orientadas hacia el logro de una gobernanza sostenible en el horizonte del ejercicio directo y global de la acción política.

### ¿Innovaciones políticas de nueva generación?

Cuando hablo de innovaciones políticas de nueva generación no me refiero a las reformas constitucionales que el Prof. Soriano y yo propusimos, hace más de una década, en *Democracia Vergonzante y ciudadanos de perfil*. ☞ Reformas esenciales que, dicho sea de paso, tras airearse profusamente en los debates del 15M, parecen haber caído en saco roto. ¿O, acaso, los instrumentos de democracia directa de nuestra Constitución no continúan siendo mera demagogia —por escasos, restrictivos e impracticables— y los de democracia participativa, no siguen presos de los modelos institucionales y de los cauces de calculada ineficacia preestablecidos?

Por acometer innovaciones políticas de nueva generación orientadas —no se olvide esta coletilla— al logro de una gobernanza sostenible en el horizonte del ejercicio directo y global de la acción política entiendo la voluntad colectiva de emprender con todas sus consecuencias el arduo quehacer de concebir, experimentar y poner a punto nuevos útiles superadores del partido político. Y hablo de superarlo, no de camuflar su palpable obsolescencia —como pretenden los dirigentes de la nueva casta— con ingeniosos ardides que no ocultan su decidida voluntad de controlar el/los que ellos mismos han creado. Estoy convencido de que el partido político, como anteriores fórmulas obsoletas de control del poder, tiene que ser substituido por herramientas bien adaptadas al tiempo en el que deben operar. No afirmo que sea una tarea fácil. No lo es y, por supuesto, costará mucho diseñar una nueva transición democrática que no pivote exclusivamente sobre el partido político y el recurso al voto que catapulta o hunde al líder y nutre a sus acólitos. Sin embargo, aunque se trate de una tarea orientada —insisto para que nadie se llame a engaño— al logro de una gobernanza sostenible en el horizonte del ejercicio directo y global de la acción política de decenas de generaciones venideras, debe ser y, como trataré de explicar, puede ser iniciada con carácter inmediato.

**Una oportunidad perdida**

Lástima que el 15M, que tuvo el incuestionable mérito, ¡qué duda cabe!, de denunciar a bombo y platillo que la democracia española era —y sigue siéndolo— exclusiva y excluyente; que estaba —y está— manipulada por el juego trucado de los partidos políticos, ¿los de la casta sólo?, fuese una oportunidad perdida para acometer lo que propongo: concebir, experimentar y poner a punto nuevos útiles de aprendizaje, iniciativa y control.

## Un decálogo-reto

Útiles capaces de, al menos, de afrontar un decálogo-reto de funciones políticas inéditas para que la Política, ni siga siendo más de lo mismo, ni quede a merced de inquietantes populismos de todo signo. Un decálogo-reto, cuyo logro sí sería innovar y no la ocurrente y huera cosmética mediática que dejó de tener gracia hace tiempo, que puede ser un verdadero reto para las nuevas generaciones. Trataré de explicarme.

## EL DECÁLOGO/RETO
### de las herramientas políticas del futuro

Inducir procesos autoinstructivos eficientes

**Desbordar el ámbito estatal**

Autogenerar autonomía y pluralismo

**Precisar escasa o nula institucionalización**

Flexibilizar los procesos asociativos

Dinamizar el quehacer participativo

**Prescindir de todo tipo de militancia**

Socializar el liderazgo político

**Admitir la cohabitación de enfoques y actuaciones**

Transformar la inacción en activismo político consentido

## Primeros años setenta

Corrían los primeros años setenta cuando, en la apasionada y apasionante tarea juvenil de enfrentarse a una dictadura, percibí con nitidez que la única esperanza para un futuro digno del ser humano pasaba por la doble tarea de elevar los niveles de virtud cívica y de cultura política e inducir una participación individual y colectiva comprometida con la cosa pública lo más directa posible. Ese iba a ser, imaginé ingenuamente entonces, el quehacer primordial de la democracia que ansiábamos conquistar. Y comenzó la transición. Y la gran mayoría —yo incluido, por supuesto— apoyamos la Constitución. Y en este país comenzamos a votar. Y confieso que lo hice en las primeras elecciones generales por el Partido Comunista de España en homenaje a los viejos luchadores —auténticos presos políticos que nada tienen que ver con los presos catalanes que osan hoy usurpar tan honrosa condición— que conocí en mis estancias estudiantiles en la prisión de Carabanchel. Y al hacerlo —por primera y última vez— tuve esa sensación agridulce que tan certeramente ha descrito mi amigo el Prof. Ramón Soriano cuando afirma en *Democracia vergonzante y ciudadanos de perfil* que "*en la lucha por el cambio político suelen compartir el compromiso y el riesgo numerosos movimientos sociales y escasos partidos políticos, actuando en consonancia para acabar con el antiguo régimen. Después, implantado el nuevo régimen democrático, los movimientos sociales perecen y los partidos se afianzan y crecen. Si es necesario, los partidos, recelosos de los movimientos sociales, los desacreditan y marginan. El voto ciudadano, que consolida el partido, es en cierta medida un voto contra su propia iniciativa y libertad crítica. Un voto contra sí mismo*". Lo cierto es que experimenté un profundo desencuentro con las incipientes instituciones democráticas y, muy pronto, el frustrante impacto de comprobar en la diaria actividad docente universitaria el devastador efecto social de la dejación de la función cívica por casi todas las instancias educativas. Y hoy, más de cuatro décadas después, en plena degradación y obsolescencia del modelo político por excelencia, la democracia representativa —que ahora también cuenta con *UNIDAS PODEMOS*, el principal causahabiente del 15M— la principal dificultad para la gobernanza del planeta continúa radicando en la inexistencia de eficaces y accesibles instrumentos al servicio del republicanismo global que demanda la creciente mundialización.

### REPUBLICANISMO

**De *res pública*, que es distinta de *res privata* o cosa privada y de *res institutionale* o cosa institucional. El republicanismo concibe la sociedad civil como una profundización en la democracia a través del protagonismo de los ciudadanos.[2]**

### REPUBLICANISMO GLOBAL

**Republicanismo ejercido con actitud ecociudadana.**

### ACTITUD ECOCIUDADANA

**Alternativa, responsable, solidaria y comprometida con la definición, formulación y defensa de los intereses comunes de los seres humanos. Acto político legítimo de profundización democrática y de emancipación ciudadana, coherente con el hecho histórico de la globalización, asociado al derecho y al deber de participar directamente a**

---

[2] El republicanismo concibe la sociedad civil como una profundización en la democracia a través del protagonismo de los ciudadanos. Concepto, pues, que no presupone la forma de Estado. De hecho, y dicho sea de paso, confieso que, dado el modelo de jefatura del Estado establecido en la Constitución, me siento muy bien representado por el rey Felipe VI.

la res pública planetaria o comunidad<br>internacional en su conjunto.

A pesar del pronóstico de Hans Kelsen de que la democracia moderna se afianzaría sobre unos partidos cuya significación crecería con el fortalecimiento progresivo del principio democrático, múltiples disfunciones han puesto en entredicho la capacidad de aquellos para afrontar el porvenir. Y es que, en puridad, el partido político, como se concibe y opera en la actualidad, ya sólo sirve para manipular cada vez más groseramente la democracia representativa. No lo imagino —a pesar de los esfuerzos de sus dirigentes para convencernos— trabajando mano a mano con la sociedad civil. Es un utillaje incapaz de afrontar la realidad cambiante de nuestros días: ni sirve en el ámbito estatal, ni menos todavía —esto es esencial—para afrontar en el plano supraestatal la realidad global de la sociedad internacional contemporánea. Y sus intentos de adaptación para sobrevivir en escenarios venideros se revelan crecientemente erráticos.

## Una democracia representativa...
## ¿para siempre?

Si el genuino ideal democrático —al menos eso pensamos algunos— es que los ciudadanos decidan directamente sobre los asuntos públicos importantes ¿por qué resignarnos a una democracia representativa secuestrada por los partidos políticos? Si los avances de las tecnologías de la infocomunicación son esos *"condicionantes cruciales de la innovación democrática"* que anunciara, hace más de veinte años, Benjamín Barber[3] como el horizonte en el que los *"demó-*

---

[3] Barber, B.; Democracia Fuerte, Almuzara, Córdoba, 2004

*cratas fuertes"* cifran sus más sólidos anhelos de renovación política ¿por qué arriesgarnos a que su uso se cuele en la democracia representativa por el atajo del voto y de las elecciones, a modo de espejismos legitimadores de nuevos sucedáneos de democracia directa? Si el déficit democrático es inseparable de la escasez de virtud cívica y de la carencia de herramientas para la autoformación y la acción ecociudadana —en adelante AAE— ¿por qué no concebir y poner a punto soportes adecuados para el ejercicio de una nueva ecociudadanía comprometida con un republicanismo militante, en el contexto de una sociedad sostenible y de responsabilidad colectiva, innovando en el ámbito de la ingeniería política y social?

## ECOCIUDADANÍA
**Del griego *oixo*, que significa casa, morada, ámbito vital... y ciudadanía, condición del nacional de un Estado, sujeto pleno de derechos y deberes, facultado para intervenir en su gobierno. Es la condición de todo ser humano, titular de una parte alícuota de la soberanía mundial, legitimado para participar, con independencia de su adscripción nacional en cualesquiera asuntos públicos en pro del desarrollo humano de todos los habitantes del planeta, mediante la satisfacción de sus necesidades, sin comprometer el de las futuras generaciones.**

## AUTOFORMACIÓN Y ACCIÓN ECOCIUDADANA
**Proceso interactivo permanente de enseñanza-aprendizaje cívico y de participación creciente en la defensa de la *res publica* mundial, mediante el**

que los ciudadanos y las ciudadanas,
insertos en un sistema global
interdependiente y de frágil y
precario equilibrio, cobran conciencia
de su pertenencia a la sociedad
sostenible y de responsabilidad
colectiva, adquieren los
conocimientos, los valores, las
competencias y la experiencia para
ejercer la ecociudadanía con todos los
medios disponibles y se afanan en
perseverar en su práctica.

¿No cabría potenciar exponencialmente la AAE de la sociedad civil para agilizar el tránsito de la democracia por la difícil senda que conduce hacia su ejercicio generalizado y crecientemente directo? Más aún, ¿la acción periódica de votar para elegir representantes políticos, no podría sustituirse ventajosamente, merced a instrumentos políticos de nueva generación, por prácticas ciudadanas directas y actuaciones incisivas de iniciativa y control políticos que expresen más fidedignamente la voluntad popular? Es más, si los intereses colectivos de los seres humanos confluyen en su dimensión global ¿por qué tolerar que la participación política, es decir, el ejercicio por la ciudadanía de la iniciativa y el control, se restrinjan al reducido ámbito intraestatal en vez de extenderla al gobierno de la *res publica* planetaria para que los ciudadanos del futuro puedan intervenir directamente en ese espacio absolutamente extraño a la democracia que se abre más allá del Estado-nación? [4]

---

[4] Este último aspecto, el asalto del *ciudadano de frente* a la esfera supraestatal, ha constituido para mí una obsesión constante desde las primeras inquietudes internacionalistas que avivaron las clases del Prof. Antonio Truyol y Serra en las aulas de la Facultad de Ciencias Políticas de la Universidad Complutense de Madrid; mis ansias europeístas que, con sus escritos y seminarios en la Maison de l'Europe de

## Útiles políticos de nuevo cuño

Confieso que, aunque no llegué a manifestarme físicamente en el 15M, mi única vocación es y ha sido siempre la política. De hecho, el estudio, la observación de la realidad y la consiguiente reflexión me han impulsado inexorablemente a la acción política. Cuando era alumno y representante estudiantil de la Facultad de Ciencias Políticas de la Complutense: contra la dictadura franquista. Tras mi época de investigador en el Instituto de Estudios Europeos de Ginebra: en pro de un federalismo global superador de nuestro patrio europeísmo timorato y oportunista.[5] En

---

Ginebra, reubicó en su contexto adecuado el Prof. Denis de Rougemont y mi, ya lejana, conversión al federalismo global ☞ que debo al pensamiento, la acción y el estímulo personal del maestro Alexandre Marc.

[5] Consciente de que Europa era nuestra ruta más directa hacia la democracia fui el inspirador y dediqué varios años a promover, a finales de los 70, la Asociación para la Integración Europea (AIE). Posiblemente la primera y más activa organización europeísta de nuevo cuño que, vinculada al Movimiento Europeo, actuó en Madrid durante la transición política. La idea surgió en el seno del I Curso sobre la Integración Europea organizado por el embajador Alberto Ullastres en la Escuela Diplomática de Madrid. El ex-ministro de Comercio y primer embajador de España ante el Mercado Común propuso crear una asociación de antiguos alumnos de tales cursos y yo, muy crítico con su planteamiento de la construcción europea, demasiado ceñida a las instituciones comunitarias, decidí promover una iniciativa al margen del ámbito del Ministerio de Asuntos Exteriores, inspirada en el modelo de la Europa federalista que acababa de conocer en el Instituto Universitario de Estudios Europeos de Ginebra, de la mano de Denis de Rougemont. Planteamiento alternativo —la iniciativa Torre de Madrid— ☞ que reunió inicialmente, en el piso 31 del conocido edificio de la Plaza de España, a una cincuentena de jóvenes con diversas expectativas profesionales en relación con la integración comunitaria y el papel de nuestro país como puente entre Europa y América Latina. Constituimos la Sociedad Iberoamericana de Estudios Europeos (SIAE, S.A.) y la citada Asociación para la Integración Europea (AIE). Posteriormente fui secretario general de la sección española de la Unión Europea de Federalistas, siendo presidente José Vidal Beneyto y presidente de honor, Enrique Tierno Galván, a la sazón, Alcalde de

mi etapa africana, como director del programa de la Universidad Nacional de Educación a Distancia en Guinea Ecuatorial, a mediados de los ochenta: contra la gravísima corrupción propiciada allí por los Gobiernos españoles de la UCD y del PSOE con el pretexto oficial de cooperar al desarrollo —como he narrado con detalle en *La cooperación al subdesarrollo de Guinea Ecuatorial. Oportunidades perdidas y propuestas frustradas en la década de los ochenta. Relato documentado de un cooperante.*— Cuando enseñaba Derecho Internacional en Huelva: contra las actitudes de un profesorado universitario que, salvo honrosas excepciones, sólo parecía atender al rumbo de la carrera funcionarial y de la prebenda profesional.[6] Y, en general, contra el abrumador panorama oficial de desidia, ineficacia, incompetencia y corrupción, prácticamente impunes, en el que bordear la ley, cuando no infringirla directamente, era —y continúa siendo— práctica demasiado frecuente entre nuestros políticos y administradores públicos. Creo que sin el estímulo de mis decepciones y desencuentros con la política oficial me habría limitado a seguir siendo, desde la cuneta de la política, un francotirador. *Un rebelde con causa, que* —como atribuyo al protagonista de mi trilogía *Noticia de un amanecer fugaz*— *"escandalizado y atónito ante los insólitos disfraces de la farsa,*

---

Madrid. *Vid* al respecto López Gómez, Carlos; La sociedad española y la adhesión a la Comunidad Europea, (1975-1985): partidos políticos, asociaciones europeístas, interlocutores sociales. (Tesis doctoral, Universidad Complutense, 2016). En especial los apartados: *Europeísmo radical: la Unión Europea de Federalistas y las tentativas de constituir una sección en España* (235 y ss.); *Europeísmo académico: la Asociación para la Integración Europea y la Sociedad Iberoamericana de Estudios Europeos* (303 y ss.).

[6] En 1995 respaldé al decano Ramón Soriano firmando conjuntamente el informe denuncia que presentamos al Parlamento de Andalucía sobre la actuación de la Comisión Gestora de la Universidad de Huelva.

*apunta a una cualquiera de las mil dianas del poder y, por su cuenta y riesgo, sin observar disciplina alguna, a cuerpo descubierto, diríase que por puro instinto, ataca y contraataca".*

**Mis maestros, los profesores Truyol, Rougemont y Marc**

Sin embargo, un día, tras *veinticinco años de paz* franquista y muchos más de *democracia vergonzante,* opté por modificar el rumbo de un quehacer político asistemático e individualista abandonando la larga etapa de francotirador republicano. Era obvio que la acción política —la mía y la de cualquiera— debía ser colectiva, afrontarse con actitud ecociudadana, estar respaldada por elevadas dosis de información y formación y, sobre todo, contar con el imprescindible concurso de potentes armas o herramientas políticas de nuevo cuño. Útiles que había que concebir, diseñar y experimentar creativamente de consuno con la sociedad civil y con el apoyo de las cada vez más accesibles tecnologías de la infocomunicación.

El reto era claro: concebir, diseñar, experimentar, poner en práctica y perfeccionar un modelo de instrucción y de autoinstrucción republicanas y de ejercicio de los derechos de asociación y de participación políticas, íntimamente vinculado al fenómeno del ocio —más adelante explicaré esta particularidad— capaz de inducir un potente efecto colección, autoexpansivo y autofinanciado, garante de la necesaria autonomía y del irrenunciable pluralismo.

## El Proyecto INTER/SUR

Ese reto me llevó a implicarme —mediados los noventa— en un trabajo teórico-práctico de ingeniería política y social. Un concienzudo, extenso y comprometido proceso de investigación empírica, acometido durante la primera etapa (1996-07) de un proyecto no gubernamental de investigación, autofinanciado, autónomo, plural y sin ánimo de lucro, centrado en la experimentación de instrumentos alternativos de intervención en los asuntos públicos, a escalas local, estatal, regional y global —el Proyecto INTER/SUR PARA LA INNOVACIÓN POLÍTICA—. Una compleja iniciativa de acción y reflexión que condujo a la ya citada tesis doctoral y, en definitiva, a esta y subsiguientes publicaciones sobre la materia.

Dediqué una década a imaginar el futuro de la ciudadanía y de la democracia a la luz de las posibilidades abiertas por esa incipiente panacea tecnológica de la nueva sociedad del conocimiento. Y pronto concluí que, por sí solos, tales avances no permitirían superar la sólida barrera de la sempiterna dominación del poder; que limitarse a asociar los progresos de la infocomunicación —y el incremento en progresión geométrica de los ciudadanos con acceso a ellos— a la mera emisión del voto, a distancia y en cualquier momento, constituía un error de perspectiva que no haría más que resaltar el espejismo de una participación ciudadana estéril a la postre. Es más, me convencí de que la propia acción periódica de votar acabaría resultando innecesaria en el futuro ejercicio del republicanismo global si pudiese sustituirse por innovadoras prácticas permanentes de iniciativa y control ecociudadanos propiciadas por el recurso generalizado a nuevas herramientas políticas que los avances tecnológicos ya permitían concebir. Una práctica, disfuncional en última instancia, que podría sustituirse ventajosamente generando un incesante, permanente y omnipresente flujo de oportunidades de autoaprendizaje y participación susceptibles de transformarse en impulsos y acciones con incalculables efectos sociales agregados.

Fui consciente de que la disposición de tales útiles dependía del ingenio y de la habilidad para aplicarlos al campo específico de la ingeniería política y desarrollar, a partir de la mutua interrelación de ambas tecnologías —la infocomunicativa y la política— modelos asociativos-decisionales de nueva generación aptos para potenciar exponencialmente la AAE de la sociedad civil y reorientarlas hacia la promoción y la defensa de los intereses globales de los seres humanos. Esto es, poner la combinación inteligente de ambas al servicio de la autoformación y de la acción republicanas.

### ¿Homo ociosus versus homo republicanus?

La expectativa de sustitución del actual modelo energético piramidal, basado en los combustibles fósiles, por otro alternativo de estructura horizontal, que proporcione energía eficaz en condiciones de fácil disponibilidad, escaso precio y nulo impacto ambiental, asociado a los avances tecnológicos en el campo, entre otros, de la infocomunicación y la robótica, conllevaría, como ha apuntado Rifkin,[7] la posibilidad real de producir bienes y servicios para todos los seres humanos con sólo una mínima parte de la fuerza de trabajo requerida en la actualidad. Personalmente creo que en el futuro, ¿qué futuro?, ¿cómo saberlo?, la Humanidad, como predijo el propio Keynes, en su *Essays in Persuasion,* deberá afrontar como problema global la utilización de su nueva independencia con respecto a las preocupaciones económicas y, en consecuencia, replantearse la existencia —y el nuevo rol en el planeta Tierra o, tal vez, en el propio Universo— de un nuevo *homo ociosus* generalizado.

De hecho, ya en nuestra época, la transformación del tiempo libre en ocio, mediante el recurso a una innumerable gama de actividades de consumo generadoras de movilidad —real y virtual— cada vez más insospechada, propicia un nuevo y potente espacio de socialización cuyas casi inimaginables potencialidades —buenas, indiferentes o perversas— no deberían despreciarse por muy lejanas o utópicas que puedan antojársenos. Por eso me cuestioné si sería viable comenzar a encauzar deliberadamente el tiempo libre, del que ya dispone en proporción creciente una parte significativa de los seres humanos, hacia un modelo de ocio autoinstructivo que potenciase el republicanismo global y recondujese progresivamente la larga

---

[7] Rifkin, J. *The End of the Work: The Decline of the Global Labor Force and the Dawn of the Post-Market Era.* Nueva York, Tarcher/Putnam, 1995 (traducción al español, El fin del trabajo, Barcelona, Paidós, 1997), pp. 12.

evolución del *homo depredator, cultor, faber, creator, ociosus* hacia el *homo republicanus.* Un flamante y generalizado *homo republicanus,* utópico hoy, tangible mañana, capaz de substituir esa *"democracia exclusiva y excluyente y, sistemáticamente, hecha el objeto de abusos deshonestos por parte de esas máquinas de marketing ideológico en que han devenido los partidos políticos"* [8] por el ejercicio responsable y generalizado de una democracia ecociudadana directa en la que los nuevos ecociudadanos, dotados de los útiles políticos adecuados, asuman el papel usurpado por sus poco escrupulosos y nada eficientes representantes políticos: *"Resabiados mercachifles del pasteleo, encorbatados animales burlescos que recorren los pasillos del Parlamento haciendo de la política el desconsuelo de los justos".*[9] Entre ellos, aunque aún sin corbata, los causahabientes de marras.

Entre los muchos argumentos que se esgrimen para desaconsejar la democracia directa se encuentran, como es sabido, la ausencia de estímulos y la falta de tiempo para participar activamente en la vida política. Por eso, al comparar nuestra actual sociedad postmoderna con eventuales escenarios del lejano porvenir de nuestra especie reparé en el papel que podría llegar a desempeñar el creciente fenómeno del ocio en la profundización de la democracia. La clave, me dije, podría estar en comenzar a incorporar el componente cívico o republicano de manera natural y sugerente en los hábitos de ocio placentero de los seres humanos, en especial en el ámbito de la movilidad asociada a los desplazamientos geográficos y al turis-

---

[8] Rasilla, Ignacio de la; *Crónicas de los Cursos de Verano de Doñana. 2000-2002.*
[9] Id.

mo, pero también en otros, como el estudio, la lectura y la creciente omnipresencia ante nuestras ventanas conectadas a *Internet*. Y entonces, al caer en la cuenta de que el coste del ocio lo asume quien lo disfruta, comprendí que tal alianza no sólo constituiría una excelente ocasión y un sugestivo estímulo para los procesos personales permanentes de enseñanza-aprendizaje de la dimensión cívica y para el propio quehacer republicano global, sino una inagotable fuente de autofinanciación, garante de la imprescindible dosis de autonomía que ambas actividades exigen.

## ¿Democracia vergonzante?

Parto de la sugestiva reflexión del Prof. Ramón Soriano en torno al concepto y la puesta a punto en el ámbito estatal de una democracia ciudadana e insisto en ideas que ambos avanzamos en *Democracia vergonzante y ciudadanos de perfil*. En efecto, bajo el enunciado *"Hacia una sociedad sostenible y de responsabilidad global: en torno a la ecociudadanía y a la acción política ecociudadana"* aludí allí a una nueva modalidad de ciudadanía —la ecociudadanía—, a una nueva actitud —la actitud ecociudadana— y apunté el esbozo del proceso de concepción, diseño y experimentación de una técnica asociativo-decisional de nuevo cuño para la autoformación y la acción políticas, acorde con el proceso de mundialización —la participación fraccionada—.

## Ecociudadanía y actitud ecociudadana

Ecociudadanía —recuerdo, del griego *oixo,* que significa casa, morada, ámbito vital... y ciudadanía, condición del nacional de un Estado, sujeto pleno de derechos y deberes, facultado para intervenir en su gobierno— es, en la acepción singular que vengo proponiendo desde finales de los 90, la condición de todo ser humano, titular de una parte alícuota de la soberanía mundial, legitimado para participar, con independencia de su adscripción nacional, en cualesquiera asuntos públicos en pro del desarrollo humano de todos los habitantes del planeta, mediante la satisfacción de sus necesidades, sin comprometer el de las futuras generaciones. Sin duda una ambiciosa y sugerente ciudadanía mundial, global o universal para un futuro e insospechado ciudadano del mañana: el ecociudadano, que liberado, al fin, del corsé Estado-nacional, afrontará el quehacer político con esa nueva actitud que denomino actitud ecociudadana. Actitud de profundización democrática y de emancipación ciudadana legítimas, coherente con el hecho histórico de la globalización, que sólo será viable si los seres humanos alcanzan a disponer de potentes y accesibles herramientas políticas *ad hoc* autogeneradoras de nuevas y sugestivas modalidades de asociacionismo y de participación, plenas de autonomía, pluralismo y eficacia.

## ¿Participación fraccionada?

Sí, o si se prefiere, sucesiva, desagregativo-agregativa o por impulsos complementarios, es la técnica asociativo-decisional de nueva generación para la autoformación y la acción políticas que me dispongo a exponer —en adelante modelo de participación fraccionada o MPF— no sin antes adoptar la cautela didáctica de invitar a la lectura de un, espero que ameno, introductor lógico: *Un viaje fantástico* concebido para allanar el camino a su comprensión.

El MPF es una técnica apta para activar insospechados útiles políticos de nueva generación, capaces de expandir, simultáneamente y de manera exponencial, la AAE, generar con rapidez notable hábitos cívicos de intervención en los asuntos públicos y posibilitar el ejercicio, cada vez más autónomo, plural, directo, generalizado, eficiente y comprometido de la ecociudadanía en el horizonte de una sociedad sostenible y de responsabilidad colectiva. Y ello debido a: la combinación inteligente de las modalidades de asociacionismo y de participación, extremadamente flexibles, que propicia; las aportaciones presentes y por venir de la infocomunicación; y la deliberada incorporación del componente cívico o republicano en los hábitos placenteros de los seres humanos, asociados a su creciente movilidad, real o virtual.

Modelo, pues, al servicio de la enseñanza-aprendizaje de un republicanismo de alcance global y de una nueva dimensión del hecho asociativo y del quehacer participativo sin límites espaciales y formales, capaz de abrir expectativas inimaginables en la senda de la ecociudadanía. Es decir, de una democracia ciudadana global y crecientemente directa que coadyuve eficazmente a abolir el actual rol predominante y abusivo de la democracia representativa. Una técnica asociativo-decisional —cuyos retos, escollos, necesidad y pertinencia expongo en el capítulo 1— que se basa en la interacción del principio de desagregación-agregación con un conjunto de principios estructurales —explicada en el capítulo 2—. Un primer prototipo genérico de herramienta política virtual interactiva de nueva generación —la instancia de participación fraccionada (IPF)— que analizo en *Asociacio-*

*nismo blando y participación a la carta.* Y, por supuesto, una estrategia adecuada —de nada serviría todo lo anterior sin ella— para la difusión, puesta a punto y experimentación colectiva del MPF desarrollada en *Pasota o implicado.*

## Una técnica con causa

Reitero que la concepción y diseño del MPF que propongo —que, como trataré de demostrar, puede comenzar a utilizarse sin aguardar a que se generalicen las condiciones ideales propias de ese paradisíaco futuro que no tengo inconveniente en aceptar que bien pudiese tildarse de visionario— ha sido esencialmente una apuesta deliberada por tratar de extender la intervención política de la ciudadanía al gobierno de la *res publica planetaria.* Una dimensión del quehacer político, en su doble plano espacial y actitudinal, que constituye para mí una exigencia básica derivada del federalismo integral, global o revolucionario del que me reclamo.

Considero justificado el optimismo vital que se desprende de estas páginas. Es más, les digo a los lectores y a las lectoras jóvenes de este libro y, por supuesto, a quienes, como en mi caso, el paso de los años apenas haya logrado apaciguar el irresistible impulso adolescente de cambiar el mundo, que ya no es necesario desistir. Los crecientemente interconectados ecociudadanos y ecociudadanas del futuro, aportando su liderazgo creativo para profundizar en estas modestas ideas que avanzo, llegarán a disponer de formidables armas políticas que les permitirán superar esa sensación de impotencia que produce la arraigada convicción fatal de que las acciones individuales no tienen repercusión y resultan insignificantes para tratar de cambiar las cosas.

¡Ojalá el modelo de participación fraccionada y cuantos instrumentos políticos llegue a inspirar sean, parafraseando a mi viejo maestro, el gran pensador federalista Denis de Rougemont, una aportación útil al *nuevo sistema planetario y pluralista compuesto de pueblos sin soberanía y comunidades abiertas que está en gestación!* [10]

---

[10] Rougemont, D.; *"La notion d'Acte comme point de départ"*, en L'Europe en Formation, núm. 245.

# UN VIAJE FANTÁSTICO
## A modo de introductor lógico [11]

Cada curso, al iniciar mis clases universitarias de derecho internacional público, sabía que mi tarea consistía en abrir la mente de un nutrido grupo de estudiantes a la compresión de las relaciones que acaecen en ese espacio, casi inédito para ellos, que se abre más allá del Estado. Era consciente de que para aquellos estudiantes, socializados en términos de Estado-nación, no iba a resultar sencillo alcanzar a entender en qué consiste el complejo proceso, siempre en marcha, mediante el que una sociedad en formación —la sociedad internacional— trata de darse, con escaso éxito y exasperante lentitud, unas reglas básicas de organización y funcionamiento. De ahí que emplease un recurso didáctico consistente en una especie de introductor lógico *sui generis* cuyo objeto era que el alumnado, de la mano de una historia fantástica y sugerente, visualizara y retuviese sin esfuerzo múltiples escenarios ficticios en los que se sucedían situaciones y relaciones conexas, a modo de sencillos supuestos prácticos de referencia y análisis, dispuestas adrede para recurrir a ellas a lo largo del posterior desarrollo del programa de la asignatura.

El caso es que tampoco resultan tareas sencillas mostrar en qué consiste el MPF, exponer su funcionamiento y sugerir cómo podrá implementarse y generalizarse su uso en un lejano futuro. He comprobado en múltiples ocasiones que suele ser un fiasco

---

[11] Tomado de *Azar de azahar*, primera parte de mi trilogía *Noticia de un amanecer fugaz*. *Ediacción* piloto, transmedia e hipertextual, 2018.

tratar de hacerlo sin adoptar determinadas cautelas pedagógicas. De ahí que me vea en la necesidad de solicitar un esfuerzo previo de imaginación. Sin él, el lector corre el riesgo de no captar el auténtico sentido y la dimensión temporal, necesariamente incierta, de la propuesta; y el autor, el de resultar una mezcla nada académica de charlatán y visionario. De hecho, en las versiones anteriores, invitaba a revivir diversas aventuras a través del tiempo que allanaban el camino a la comprensión de mi propuesta. Ahora, sin embargo, me limitaré a una: la fascinante aventura de la creatividad humana. Y no porque no resulten relevantes los otros escenarios en los que me recreé entonces (la confrontación entre las culturas o el papel central del modelo energético en la configuración de las civilizaciones...), simplemente porque hace unos años inicié la publicación de *Noticia de un amanecer fugaz*. Una novela o, más precisamente, una e.novela de texto, entre cuyas principales finalidades se encuentra contextualizar y explicar el MPF.[12]

## El complejo proceso de la creatividad humana

**Andrés [13] apartó la mirada de la pantalla de su ordenador e invitó a los miembros de la *Expedición a los Andes, la Amazonía y el Pacífico* a hacer volar su imaginación.**

---

[12] Obra ésta, transformada en 2018 en la *ediacción* piloto transmedia e hipertextual de la trilogía *Noticia de un amanecer fugaz* (*Azar de azahar, Quiebra el albor* y *Despierta la libélula*), a la que remito a quien prefiera una explicación más amena. *http://www.noticiadeunamanecerfugaz.es*

[13] Andrés, Álvaro, Marta, Teresa, Ayman, Julia, Dani, Juanjo, Tarald, Pepe Cantó, etc. son algunos de los personajes de *Noticia de un amanecer fugaz* que, como integrantes de la *Expedición a los Andes, la Amazonía y el Pacífico*, se encuentran participando en una primera sesión de trabajo en el salón de un hotel de Quito, en agosto de 2012.

A escasas leguas de Palos de la Frontera, en un alcor arenoso conocido como Peña de Saturno, se alza el Monasterio de Santa María de la Rábida. A sus pies, los ríos Tinto y Odiel que confluyen en la espléndida ría que los escolta hacia el Atlántico. Entorno bello, apacible y sosegado, apenas alterado por el inusitado trajín de su puerto, en el que los franciscanos, para celebrar la partida de las tres naves que apuestan por arribar a las Indias navegando proa al oeste, han organizado un gran encuentro sobre *El transporte en los albores de un nuevo siglo*.

Corre el tórrido verano de 1492. Se han debatido temas de tan rabiosa actualidad como la lentitud del transporte terrestre, su creciente inseguridad o la moderna construcción de calzadas y puentes. Hemos atendido las enseñanzas de reconocidos expertos. Gozado, incluso, del raro privilegio de conocer en persona al insigne marino que, acompañado de Martín Alonso Pinzón, nos ha referido su ambicioso proyecto. Y justo es reconocer que la firme convicción, optimismo y determinación que se desprende del rostro del más intrépido y ambicioso de los navegantes presagia el inminente éxito de una de las más arriesgadas e inciertas aventuras de la historia. En ese contexto de agitación, estimulados por el gigantesco e insólito espectáculo de la utopía que pugna por hacerse realidad, era previsible que la charla anunciada despertase en todos un gran interés. A las cuatro de la tarde aguardábamos a un ponente que, según Fray Juan Pérez, había cabalgado desde tierras de Aragón hasta la ciudad reconquistada para recabar el respaldo de Isabel y Fernando. Nadie sabía a ciencia cierta si su caballería le haría llegar a tiempo.

—Así, —les indicó Andrés, levantando la vista de la pantalla del ordenador— comienza la narración que hemos titulado *"Del Curso de Verano de la Rábida de 1492 a la Exposición Universal de París de 1889"*. DVL, Ayman y yo creemos que lo más adecuado para situaros en el contexto de la idea revolucionaria que nos propone Álvaro es acometer un viaje al pasado que nos ayude a recordar el futuro. Continúo.

**Sudoroso y polvoriento, nuestro conferenciante descabalgó de su fatigada montura en aquella improvisada sede de la futura Universidad Hispanoamericana de Santa María de La Rábida.[14] Bebió agua del botijo que le ofreció Cantó y, sin más prolegómenos, se dirigió a nosotros para espetarnos que iba a contarnos algo absolutamente fantástico y misterioso. ¿Qué? Los principios básicos del funcionamiento de *un ingenio de combustión interna o de explosión que revolucionará el modelo de transporte conocido*. Se *autoproclamó inventor y futurólogo*. Y, con sorna delatora de su reciente fracaso en la nueva Corte granadina, añadió: *y contador de cuentos*. Y sin arredrarse lo más mínimo, con el aplomo de todos los visionarios, entró en materia recordándonos que el hombre, tras verse obligado a ser nómada, pudo establecerse.**

---

[14] En puridad debería decir Sede de La Rábida de la Universidad Internacional de Andalucía, pero no lo hago deliberadamente. No me gustan las universidades gubernamentales. Y, a fin de cuentas, fui el promotor del encierro que protagonizamos, en 1991, un grupo de profesores y alumnos del campus onubense de la Universidad de Sevilla para oponernos a su creación. Acababa de ser su subdirector, conocía sus potencialidades que, sin duda, reforzarían el papel de la, ya inminente, nueva Universidad de Huelva y, ¿por qué no decirlo?, había diseñado, propuesto e iniciado planes que, en mi opinión, eran más innovadores y sugestivos que el atribuido por el Gobierno andaluz. La "celebración" del curso de verano en el Monasterio de La Rábida es una licencia deliberada para rememorar las primeras actividades académicas organizadas allí. Para una mayor información al respecto acceder a este documento.

Que construyó sendas y caminos para comunicarse e intercambiar productos que se transportaban a la espalda de porteadores y a lomos de las bestias. Que con la invención de la rueda pudieron circular los carros por caminos y calzadas, acarreando, a la escasa velocidad propia de la tracción animal, cantidades ingentes de mercancías. Que los avances en la construcción naval y en las técnicas de navegación mejoraron el transporte marítimo y estimularon los esfuerzos de los más intrépidos a aventurarse en busca de alternativas.

**Universidad de La Rábida**

—Y todo esto, como siempre ha sido, seguirá así durante mucho tiempo, a menos que lográsemos construir un ingenio capaz de transformar en movimiento una determinada forma de fuerza o energía de la que deseo hablaros. Y es que para cambiar el mundo necesitamos de los saberes y de la energía. ¿Saberes? Poco a poco aprendemos a poner orden en los conocimientos adquiridos gracias al tanteo de múltiples opciones. Nos afanamos en transmitir lo aprendido para simplificar el laborioso aprendizaje. Con teorías predecimos acontecimientos confiando en que los hechos no las invaliden y en que otras nuevas brotarán de nuestras mentes si eso sucediese. ¿Energía? ¿Acaso se puede comprender la historia del ser humano sin tener en cuenta la energía? Nuestros antepasados necesitaron más y más energía y nunca dejó de aumentar su cantidad y calidad. Y es que sin energía no hay vida, ni cultura, ni progreso. Sólo el saber, unido a la creatividad, posibilita la aplicación útil de energía, de innovadoras energías, a prodigiosos ingenios susceptibles de transformar nuestras civilizaciones. Así, mientras en la antigua Grecia se abría paso la especulación filosófica racional y los hombres libres se interrogaban sobre el mundo y la vida, a partir de Arquímedes de Siracusa tuvo gran auge el estudio y el uso de los útiles y las herramientas. 'Dadme un punto de apoyo, gritó el gran genio matemático, y moveré el mundo', anunciando así la ley de la palanca que tantos quebraderos de cabeza dio al ejército romano en la Segunda Guerra Púnica. De hecho en la Mecánica de Herón de Alejandría (150 a.C.) ya se describían la polea y la palanca.

**Monasterio de La Rábida. [15]**

---

[15] Grabado al aguafuerte sobre plancha de cobre por José Luis Rodríguez. Ejemplar 1 de los 107 numerados. Editado, según consta, en 1991 por la "Facultad de Ciencias Sociales y Jurídicas de la Universi-

Tras este breve prólogo nuestro conferenciante entró en materia, no sin antes advertir que se trataba de una ardua tarea colectiva y que sólo estaba a su alcance referirnos —y esto lo recalcó— *los principios básicos en los que se inspira el funcionamiento de su artefacto de combustión interna.*

*—Si tuviésemos —prosiguió, tras beber agua del botijo— una férrea voluntad y nos afanásemos con ingenio podríamos cambiar radicalmente el modelo de transporte conocido. ¿Cómo? Aplicándonos conjuntamente a la construcción de una fabulosa máquina mecánica capaz de revolucionar nuestro mundo. ¿En cuánto tiempo? Dependerá de nuestra capacidad para llevar a cabo una adecuada estrategia para su desarrollo. ¿De qué se trata? Pues, nada más y nada menos, que de hacer posible que en el interior de un determinado artilugio metálico se produzcan unas rítmicas explosiones sucesivas que acumulen la presión necesaria para accionar un potente dispositivo capaz de generar un movimiento de rotación. Y os aseguro que no es una tarea imposible.*

Nos recordó que desde que se trae la pólvora de China se viene utilizando la combustión en los cañones para impulsar los proyectiles.

*—Una vez conocido el principio básico de su funcionamiento ¿qué necesitaríamos? En esencia, sólo disponer de la fuente de energía apropiada, diseñar el ingenio, construirlo y acoplarlo al carro o la nave que*

---

*dad de Huelva"*. Nótese que en dicha fecha la citada Facultad todavía pertenecía a la Universidad de Sevilla, pero esta iniciativa de su decano, Ramón Soriano Díaz, fue un simbólico acto reivindicativo.

deseemos propulsar. Para ello haría falta extraer de ciertas rocas, que se encuentran en los lechos geológicos continentales o marinos, un aceite o petroleum y someterlo a determinadas operaciones de destilación y refino para obtener, en las cantidades precisas, un líquido volátil e inflamable. Se trata de un producto que se conoce desde la prehistoria. La Biblia lo llama betún o asfalto. Así, en el Génesis, capítulo 11, versículo 3, ya se afirma que el asfalto se usó para amalgamar los ladrillos de la torre de Babel y, también, capítulo IV, versículo 10, que los reyes de Sodoma y Gomorra fueron derrotados al caer en pozos de asfalto en el valle de Siddim. Se conocen afloraciones naturales del llamado asfalto o betún de Judea y es utilizado desde antaño para calafatear las naves. Luego introduciríamos ese combustible líquido, mezclándolo cuidadosamente con aire, en un conjunto bien lubricado de recipientes metálicos cilíndricos de gran resistencia, a los que ajustaremos varios pistones de similar forma, como si fuesen tubos huecos en cuyo interior se desplazasen unos émbolos. A continuación, ensamblaríamos convenientemente varias piezas de hierro o bielas acopladas a un eje en forma de doble codo. Y, por fin, provocaríamos la combustión de la dosificada mezcla mediante la acción de una bujía. Una bujía sí, pero no de sebo, cera blanca, estearina, esperma de ballena u otra materia grasa al uso, sino de otros materiales consistentes y de forma especial, atravesada por un pabilo metálico incombustible capaz de provocar chispas intermitentes en uno de sus extremos, como si fuesen partículas encendidas que saltasen de la lumbre o del hierro herido por el pedernal. De ese modo estaríamos en condiciones de provocar una rítmica cadena de explosiones en el interior del artefacto que generaría un acompasado movimiento de vaivén en los émbolos o pistones. De ahí el nombre que *propugno de artefacto de combustión interna o de explosión.*

**Nuestro hombre hizo una indicación para que llenasen su botijo en la fuente cercana y Marta le cedió el suyo.**

*—El juego de ese formidable conjunto articulado de bielas y eje de doble codo lo transformaría en un movimiento de rotación continuo que, mediante el oportuno mecanismo de transmisión, accionaría las ruedas de los carruajes. O, en su caso, un robusto artefacto de bronce macizo montado al efecto en una sólida varilla de hierro que atraviese el casco y se apoye en el codaste, por delante del timón, constituido por un conjunto de aletas helicoidales que, al girar, empujarían el fluido ambiente produciendo una fuerza de reacción capaz de propulsar la embarcación que lo poseyese. De esta guisa el transporte de personas y de mercancías ya no necesitaría la fuerza bruta de los hombres y de los animales de carga. Las galeras no contratarían remeros y las naves se harían a la mar sin aguardar a que un fuerte viento portante hinchase su trapo. Todo dependería ya del líquido volátil e inflamable que se suministrase al artefacto de combustión interna cuyos principios de funcionamiento acabo de narrar. Y lo más importante: el desarrollo del principio que está en la base del funcionamiento de este artefacto mecánico dará paso verosímilmente a otros más sofisticados que posibilitarán nuevos sistemas de transporte más veloces y con más capacidad. Puede que, a no tardar, el imparable ingenio humano logre que este artilugio genere un movimiento que imite el aleteo de las aves y construya grandes y raudos pájaros que transporten personas y cargas por encima de las montañas, los desiertos y los*

*mares. Todo ello obligará a los hombres a extraer de los lechos geológicos continentales o marinos cantidades ingentes de ese aceite o petroleum. Conclusión: la exploración y posesión de los territorios en los que abunden esas rocas, la fabricación de grandes artilugios para su extracción y refino, la instalación de campamentos de almacenamiento y la organización de grandes redes para su transporte y distribución condicionarán el futuro en mucha mayor medida que lo han hecho hasta ahora las especias o los metales preciosos.*

—Álvaro, tu turno.

—Ya que nuestros amigos nos acaban de embarcar en una máquina del tiempo demos rienda suelta a la imaginación y tratemos de adentrarnos en el ambiente de aquella fantástica sesión académica de finales del siglo XV. ¿Cuál habría sido nuestra reacción? ¿Qué hubiésemos objetado? ¿Qué preguntas planteado ante idea tan inverosímil? ¿Cómo hubiese respondido tan visionario ponente? Francamente ¿habríamos concedido algún viso de verosimilitud a tamaña disertación? ¿No se trataba de un plan, proyecto, doctrina o sistema optimista que aparece como irrealizable en el momento de su formulación? ¿Qué opináis?

—Pues eso, que era una absoluta utopía.

—No estoy de acuerdo, Marta.

—Tere, ¿crees que habría sido posible?

—Por supuesto.

—Explícate —Todos parecían sorprendidos.

—Quiero decir que aunque, a todas luces, resultaba inviable poner en práctica idea tan peregrina, al menos se podría haber acordado que merecía la pena acometer su desarrollo de inmediato. ¿Acaso no se trataba de una propuesta que, de llegar a plasmarse, revolucionaría el mundo?

—Pero si era imposible —Marta, convencida.

—¿Acaso pensáis que debe despreciarse una idea genial por el mero hecho de que parezca inviable en el momento de su formulación?

—Diferente es que algo se antoje inviable y otra que lo sea.

—Marta, el sino de todas las ideas que se adelantan a su tiempo es parecer irrealizables.

—Precisamente por eso, por anteceder a su tiempo. Tú lo has dicho.

—Esa, y no te enfades Marta, es la típica respuesta de quiénes desconocen las inmensas posibilidades de la creatividad humana.

—Tomemos buena nota —terció Álvaro— de lo que apunta Teresa. Es una idea-fuerza sobre la que os invito a reflexionar.

—Además, —intervino Dani, echándole un capote a su amiga del alma — tened en cuenta que la Real Academia Española acaba de compadecerse del término utopía y ha anunciado que, para la vigésima tercera edición del Diccionario de la Lengua, ya no será algo *"irrealizable"*, sino *"de muy difícil realización"* y se substituirá *"optimista"* por *"deseable"*.

—Parece obvio que en aquella época nuestro conferenciante ni siquiera hubiese podido pasar como digno predecesor de Julio Verne. No sólo faltaban más de tres siglos para que naciese en Nantes el autor de *De la Tierra a la Luna*, sino que apenas comenzaba la lenta andadura de las máquinas herramientas que requeriría la construcción de su ingenio.

—Tarald tiene razón. Si bien es cierto que las herramientas habían prolongado la mano del hombre desde la más remota antigüedad, todavía las operaciones de torneado y taladro, por ejemplo, precisaban de una de las manos para producir el movimiento de rotación. —Andrés se ajustó sus llamativas gafas y continuó leyendo el texto que había preparado con Ayman y Dani.

Es verdad que ya se usaba el *"arco de violín"* y, desde mediados del siglo XIII, el torno de pedal y pértiga flexible accionado con el pie permitía tener las manos libres para el manejo de la herramienta de torneado, pero ni el propio Leonardo da Vinci había podido construir, por falta de medios, los tornos que dibujó en su *Codice Atlántico*. A finales de la Edad Media comenzaba a utilizarse la máquina afiladora...

—Que ya empleaba la piedra giratoria abrasiva —apuntó Juanjo, sorprendiendo definitivamente a todos que un abogado supiese esas cosas.

—Ya sabéis, de la abrasión o que la produce. Producto para pulir por fricción. —Precisó Dani.

...el taladro de arco, el berbiquí y el torno de giro continuo, que trabajan con deficientes herramientas de acero al carbono. Se usaban martillos de forja y rudimentarias barrenadoras de cañones accionadas por ruedas hidráulicas y transmisiones de engranajes de madera. Se iniciaba la fabricación de engranajes metálicos, sobre todo de latón, aplicados a instrumentos de astronomía y relojes mecánicos y el propio Da Vinci dedicaba mucho tiempo a calcular relaciones de engranajes y formas ideales de dientes. Tal vez, pudo pensarse que ya se daban todas las condiciones para un fuerte desarrollo, pero no era así. La realidad es que el desarrollo tecnológico sería prácticamente nulo hasta mediados del siglo XVII. Tornear el hierro, pongamos por caso, suponía una gran dificultad. El reverendo Plumier, en su obra *L'Art de tourner*, escrita en 1693, advierte que se encuentran pocos hombres capaces de hacerlo. Y aunque Pascal enunciase el principio de la prensa hidráulica en 1650, en su *Tratado del equilibrio de los líquidos*, habrá que aguardar hasta que Bramanch patentase su invención en Londres en 1770 y a que Cavé, en 1840, iniciase la fabricación de prensas hidráulicas de elevadas presiones...

—Decididamente —Marta volvió a la carga— aún no era posible construir el ingenioso artefacto de combustión interna del que tan pronta y privilegiada noticia tuvimos en vísperas del descubrimiento de América.

—Y, dado que no dan señales de vida los que han ido al aeropuerto a esperar a la chica peruana y a recoger los coches ¿os parece —preguntó Álvaro— que Andrés, Ayman y Dani continúen leyéndonos los restantes episodios que han redactado?

Todos asintieron y Andrés, quitándose las gafas, le pasó a DVL los folios que tenía delante.

—Continúa tú. Son chulas, pero o reviso la graduación o perderé la vista.

Acabamos de llegar desde las bulliciosas y calurosas tierras de Palos y Moguer al lejano futuro de la Inglaterra decimonónica para asistir, en el invierno de 1712, a la instalación de la primera máquina atmosférica en una mina de carbón próxima a Dudley (Staffordshire). Allí, su inventor, el ferretero Thomas Newcomen, acompañado del ingeniero John Cawley, se dispone a mostrarnos una decisiva aplicación práctica del principio de la conversión de la energía térmica en mecánica, del calor en trabajo.

Si introducimos en un cilindro vapor a presión procedente de una caldera se produce la elevación de un émbolo que, por medio de un balancín, accionará una bomba en un sentido. Si, a continuación, cerramos la entrada de vapor e inyectamos agua fría se hará un gran vacío en el cilindro capaz de moverlo en sentido opuesto, volviendo a repetirse el ciclo. Así, al utilizar estas máquinas como bombas de achique, podremos resolver el engorroso problema de las inundaciones de las minas de carbón.

La que nos muestran dispone de un cilindro de 21 pulgadas de diámetro y casi 8 pies de largo. Trabaja a 12 golpes por minuto y eleva 10 galones de agua. Medida de capacidad —aclaró Dani, levantando la vista del texto— usada en Gran Bretaña, de algo más de 4,5 litros, y en América del Norte, donde equivale a 3,8 escasos. Lo hace desde una profundidad de 156 pies. Medida de longitud —precisó— que corresponde a, aproximadamente, 28 cm en Castilla. Y ello gracias  a que ejerce 5.5 caballos de potencia. Unidad de medida que expresa la potencia necesaria para levantar 75 kilos a un metro de altura en un segundo.

—No presumas, Dani, que te los acabas de empollar para impresionarnos.
—Este menda, Tarald...
—¿Qué es menda? No te entiendo, Dani.
—Pronombre personal coloquial. Se utiliza con el verbo en tercera persona. Te decía que este menda, el que habla, yo, lo sabe de memoria desde que iba al colegio en Ronda. Y si no pregúntale a *Boliche*.
—Claro, claro, si tú lo dices... —Y en esta ocasión dió la impresión de que el negro labrador asintió con su cabeza en apoyo de quien, junto con Cantó, conocido amante de los canes, había comenzado a mimarle.
—Sigo

¿Podríamos haber deducido de las sabias palabras del ferretero Thomas Newcomen, por si alguien no lo recuerda, uno de los padres de la Revolución Industrial, ya que su máquina, a pesar de las deficiencias, trabajó sin rival durante sesenta años dentro y fuera de Gran Bretaña, que a partir de ahí se podrían desarrollar las bases para el empleo futuro de las máquinas de vapor para mover maquinaria industrial, barcos y locomotoras? ¿No había diferencias entre aquella conferencia del verano del 92, en los aledaños del Monasterio de la Rábida, y esta experiencia en los fríos y desapacibles campos del West Midlands de principios del siglo XVIII?

Sin lugar a dudas la conferencia de Newcomen nos habría resultado mucho más convincente. Y es que años antes, en 1690, Denis Papin ya había dado a conocer, con el experimento de su famosa marmita, el principio fundamental de este ingenio al desarrollar su idea de mover un pistón en el interior de un cilindro, mediante la presión atmosférica generada gracias al vacío parcial producido por la condensación del vapor. Savery había registrado su patente original en 1698 cubriendo todas las máquinas que extrajesen agua utilizando el fuego. El fundamento de la revolución industrial que se avecinaba era sólido y eso que James Watt aún tardaría más de cincuenta años en añadir a la máquina de vapor un condensador separado y no resolvería hasta 1780 el problema de asegurar el necesario ajuste y hermetismo entre pistón y cilindro. Y lo hizo gracias a una mandriladora.

—¿Mandriladora? —Tarald, que no se había topado con ese vocablo en su concienzudo aprendizaje del español, no dudó en preguntar.

—Una máquina para mandrilar.

—Supongo, pero...

—Perforar el metal con un mandril.

—¿Mandril?

—Mono africano omnívoro, de hocico alargado y pe-rruno, nariz y nalgas rojizas, que vive formando grupos muy numerosos.

—Ya, y...

—Instrumento utilizado para agrandar los agujeros en las piezas de metal. Pieza de madera o metal, de forma cilín-drica, para sujetar lo que se quiere tornear.

—¡Ya te vale, Dani!

Una mandriladora, decía, de mayor precisión cuyo error máximo era el espesor de una moneda de seis peniques en un diámetro de 72 pulgadas. Ya sa-béis, medida inglesa de longitud equivalente a 25,4 mm. Y, aun así, debería transcurrir todo el siglo XIX para construir la gran variedad de tipos de máquinas-herramienta que exigía el mecanizado de todas las piezas metálicas de los nuevos productos que se iban a desarrollar. Ejemplo al canto: sin el primer cepillo puente práctico de uso industrial, fabricado en 1817 por Richard Roberts, no se habrían podido planear planchas de hierro para sustituir el cincelado y, por supuesto, no resultaría posible taladrar las cada vez más gruesas piezas de acero hasta que el suizo Marti-gnon inventase la broca helicoidal en 1860.

—¿Qué? ¿Os gusta? ¿Aprendéis cosas nuevas?... Sigue tú, Ayman.Y ahora es tiempo de que volemos al innovador París de finales del XIX para asistir, el día tres de marzo de 1889, a la inauguración de la Exposición Universal.

—¡A ver dónde aparcáis esa galáctica aeronave para que su descubrimiento por la muchedumbre no dé al traste con el gran espectáculo que nos espera!

—Eso, Aicha, lo hemos resuelto.

—Ya me diréis cómo.

Y no sólo hemos viajado a la capital de Francia para admirar la flamante torre de hierro que acaba de levantar el ingeniero Eiffel o *"adquirir alfombras turcas"*, como cuenta García Márquez, en *Amor en los tiempos del cólera*, que hizo el doctor Juvenal Urbino, sino para asistir a la primera presentación al gran público de un artilugio, el automóvil, que ya trabaja gracias a un ingenio de combustión interna o de explosión cuyo principio de funcionamiento nos va a resultar muy familiar. El hecho es que, casi cuatro siglos después, comprobamos que han comenzado a hacerse realidad las aplicaciones de aquel ingenio del que nos diera tan temprana noticia la preclara visión del sagaz conferenciante de nuestro inolvidable curso de verano de La Rábida.

—Por cierto, Tarald, Julio Verne ya había cumplido sesenta años, aunque aún no había publicado *El Castillo de los Cárpatos*, ni *La Esfinge de los Hielos*, que dedicaría a Edgar Allan Poe

—Si tú lo dices, Dani.

Allí estaba hecho realidad nuestro viejo ingenio de combustión interna o de explosión. Aunque varios inventores del siglo XVII, entre ellos Christiaan Huygens, hubiesen ensayado con motores en que el pistón era accionado por la explosión de una carga de pólvora dentro del cilindro, hubo que aguardar hasta mediados del siglo XIX para que tuviesen lugar los primeros experimentos serios del motor de combustión interna. De hecho, en 1841, Luigi De Cristoforis construyó e hizo funcionar en Italia un motor atmosférico alimentado con petróleo. Experimentos que, antes de caer en el olvido, serían retomados años más tarde por Barsanti y Matteucci. Entretanto, el belga Étienne Lenoir ya había promovido en Francia una inteligente campaña publicitaria para vender un motor de explosión basado en una patente de 1860 y Gottlieb Daimler construido, en 1886, el primer automóvil propulsado por un motor de combustión interna.

—¿No lo construyó antes Karl Benz?

—Hemos tenido algunas dudas, Juanjo. En todo caso se puede afirmar que los primeros automoviles con motor de gasolina fueron desarrollados casi al mismo tiempo por ingenieros alemanes.

—¡He aquí, expuesta en un santiamén, la historia del motor de explosión o de combustión interna! Andrés, tu turno para formular las preguntas que hemos preparado.

¿El indiscutible efecto que tuvo la presentación en París del automóvil fue suficiente para que el ser humano alcanzase a imaginar la revolución que se avecinaba en el transporte? ¿Para comenzar a planificar las ciudades y la vida cotidiana en función de ese nuevo avance científicotécnico? ¿Para prever todas las consecuencias que tendría tan poderoso estímulo de un modelo energético basado en el petróleo?

—Me temo que no —se respondió a sí mismo mientras se ponía las lentes para proseguir leyendo el cuaderno que Dani acababa de pasarle.

Cabría alegar que, aunque el 27 de agosto de 1859 Edwin Laurentine Drake perforase, cerca de Titusville (Pensilvania), el primer pozo petrolífero y, desde 1798, se conociese la producción en serie, introducida en la producción normalizada de mosquetes por Eli Whitney, aún faltaba algún tiempo para que el legendario Henry Ford combinase, en su fábrica de Highland Park, la producción normalizada de piezas de precisión y la fabricación en cadenas de montaje; y, claro, para que, en vísperas de la Gran Guerra, circulasen en el mundo más de un millón de vehículos que usaban gasolina.

Álvaro volvió con su cantinela.

—¿Realmente era tan difícil prever que el consumo de petróleo adelantaría rápidamente al del carbón? ¿Qué a mediados del siglo veinte habría cien millones de automóviles y que, en una sola década se consumiría casi la misma cantidad de petróleo que en los cien años anteriores? ¿Qué en los albores del siglo XXI circularían más de quinientos millones de vehículos de motor o qué el efecto invernadero amenazaría gravemente la climatología del planeta, mientras daba sus últimas boqueadas el modelo energético basado en los combustibles fósiles? El hecho es que ha sucedido y constituye un serio motivo de preocupación para el ciudadano atento.

# Capítulo 1
# CIUDADANÍA *VERSUS* ECOCIUDADANÍA

## ¿DÉFICIT DEMOCRÁTICO?

El modelo que propongo cobra vida en el panorama contemporáneo de la democracia al uso en las sociedades avanzadas. Y lo hace como respuesta, antídoto o reacción ante el escenario descorazonador, en los planos estatal e internacional, de una evidente situación de déficit democrático, de inadecuación de los instrumentos ciudadanos de participación política disponibles y de extendida e injustificada conformidad, cuando no complacencia, con la, por emplear la expresión de Barber,[16] *"democracia blanda"*.

En el estatal: a) porque la democracia representativa, —como para el caso español se describe en la primera parte de *Democracia vergonzante y ciudadanos de perfil*—monopolizada por los avispados y no siempre escrupulosos usuarios directos del instrumento de participación por excelencia —el partido político—, se ha enseñoreado de la escena condenando al desuso y a la ineficacia a las escasas instituciones de democracia participativa o directa que contemplan las constituciones más avanzadas; y b) por el disfuncional desequilibrio entre una mayoritaria ciudadanía que pasa —ciudadanía de perfil— y otra, minoritaria, que se pasa —ciudadanía encrespada—.Y todo ello en un clima de educación ineficiente, de incultura política cuasi generalizada, en la que el populismo arrasa

---

[16] En el original inglés *"thin democracy"*. Véase Mora Molina J. J.; Introducción a la primera traducción al español de *Strong Democracy*; Barber, B.; *op. cit.*, p.13.

cualquier brote de virtud cívica. De convicción extendida de la ineficaz regulación de las instituciones representativas, de mínima confianza en los políticos en general y de convencimiento fatalista de la inutilidad de las acciones individuales —salvo en las minorías radicalizadas— para cambiar el estado de cosas o, como escribe la Dra. Novo, la inevitable *"convicción de la neutralidad de nuestros actos y la justificación de nuestra impotencia.*[17]

En el internacional: a) por constituir éste un ámbito en el que las democracias representativas existentes, encorsetadas en el marco disfuncional de la soberanía estatal, se revelan incapaces de hacer frente con éxito al envolvente fenómeno de la globalización; y b) por la gran dificultad inherente al complejísimo ejercicio de la participación de la sociedad civil en ese espacio inédito para la democracia, máxime en las actuales condiciones de ausencia de instrumentos adecuados y de poca o nula socialización políticointernacional de la ciudadanía.

De ahí, mi vieja y firme convicción de que para definir y articular la defensa de los intereses comunes de los seres humanos —que existen y no coinciden necesariamente con los defendidos por sus Estado— no basta con explicar las mutaciones esenciales que, en nuestro tiempo, como Held certeramente explica, han hecho que *"los procesos de interconexión económica, política, legal, militar y cultural estén transformando desde arriba la naturaleza, el alcance y la capacidad del Estado moderno, desafiando o directamente reduciendo sus facultades 'regulatorias' en cier-*

---

[17] Novo, M.; Educación Ambiental. Bases éticas, conceptuales y metodológicas, Madrid, Universitas, 1995.

*tas esferas; que la interconexión regional y global haya creado cadenas de decisiones y resultados políticos entrelazados entre los Estados y sus ciudadanos, que alteran la naturaleza y la dinámica de los propios sistemas políticos nacionales y que muchos grupos, movimientos y nacionalismos locales y regionales cuestionen desde abajo el Estadonación como sistema de poder representativo y responsable"*.[18] Considero —y éste es el trabajo que he acometido desde 1996— que el debate académico debe completarse, de la mano de las tecnologías de la infocomunicación, con sólidas iniciativas de ingeniería política y social capaces de idear y materializar instrumentos innovadores de estímulo y soporte para la autoformación de la ciudadanía y su participación creciente en la construcción de una sociedad sostenible y de responsabilidad global. La sostenibilidad, como es sabido, alude a la exigencia ecológica y ética de afrontar la satisfacción de las necesidades del desarrollo humano del presente sin hipotecar el de las futuras generaciones. La responsabilidad global o colectiva alerta ante el hecho incontrovertible de la interdependencia mundial y alienta el ejercicio de una solidaridad —que bien podría calificarse de inteligente— fundamentada *prima facie* en la consciencia de la identidad de los intereses vitales de los seres humanos. No insistiré más en describir un contexto bien conocido.

La primera transformación democrática —ha explicado Dahl [19]— desbordó los límites previos del gobierno tradicional de unos pocos y generó nuevas estructuras y creencias que se apoyaron en el go-

---

[18] Held, D.; La Democracia y el Orden Global, Barcelona, Paidós, 1997, p. 317.
[19] Dahl, R. A.; La democracia y sus críticos, Barcelona, Paidós, 1997.

bierno de los muchos en las ciudadesEstados democráticas o republicanas. La segunda —dos milenios más tarde— superó los límites de todas las estructuras y creencias anteriores al aplicar de forma deliberada la idea de democracia a la jurisdicción más amplia del Estado nacional. La tercera, que propongo llamar democracia ecociudadana, deberá asumir el reto de hacerla *ciudadana* y extenderla al plano supraestatal incorporando una nueva actitud cívica: la actitud ecociudadana. Y la cuarta, encauzarla en la senda de la democracia directa: la democracia ecociudadana directa. Esto es: de un lado, devolver su control real a los ciudadanos y desarrollarla de tal modo que permita afrontar la participación ecociudadana en el gobierno de los asuntos públicos a escala global o planetaria —*res publica planetaria*— en términos de sociedad sostenible y de responsabilidad global; de otro, posibilitar paulatinamente, su ejercicio directo generalizado. Esto es, una nueva percepción de la democracia como tensión permanente hacia la democracia ecociudadana directa. Arduas y dilatadas tareas o retos que resultarán inviables sin concebir e implementar tecnologías políticas de nueva generación. Quehaceres que, como advertía en la presentación, no deben quedar condicionados por esa automática asociación entre democracia y acción de votar.

Tres cuestiones básicas advierten de los formidables escollos que deberán superarse: ¿cómo contribuir a la transición de la actual democracia representativa hacia la democracia ciudadana?, ¿cómo sentar las bases instrumentales y actitudinales para la extensión del principio de democracia ciudadana a los procesos de adopción de decisiones que tienen lugar en el ámbito global? y ¿cómo posibilitar a escala planetaria el ejercicio directo de la democracia ecociudadana? A la primera trató de responder *Democracia vergonzante y ciudadanos de perfil*: desenmascarando la farsa, balizando la ruta hacia una nueva democracia ciudadana y apelando al desarrollo y proliferación de *grupos de ciudadanos de acción política*. Reflexionar sobre las otras dos y sugerir esa senda —la senda para la ecociudadanía— es el cometido principal de esta obra.

## DEMOCRACIA REPRESENTATIVA *VERSUS* DEMOCRACIA CIUDADANA

La expresión democracia ciudadana —nos dice el Prof. Soriano— se refiere a *"otra democracia distinta a la democracia actual, porque a pesar de que su nombre implica el poder de los ciudadanos, sin embargo los ciudadanos están ausentes de ese modelo político. No es realmente una democracia de los ciudadanos, sino a lo sumo, de quienes les representan o dicen representarles. La democracia ciudadana es algo más que la democracia al uso, la democracia de las constituciones de las sociedades avanzadas, que consagran un Estado de Derecho y que la democracia representativa actualmente consolidada en los países avanzados y democráticos, que para muchos resume el ideal de la democracia".* La democracia ciudadana *"resulta de una relación complementaria —no simbiótica— entre tres modelos de democracia: la representativa, la directa y la participativa".* La democracia al uso es una democracia representativa sobredimensionada a costa de la escasez e impracticabilidad de los instrumentos de la democracia participativa y de las democracias semidirecta y directa. Por eso la democracia ciudadana debe ser una conjunción inteligente y equilibrada de democracia representativa, participativa, semidirecta y directa. De ahí, que su construcción exija: *"reducir la democracia representativa a sus justos términos, fomentar las vías y los medios de la democracia participativa, mejorar el acceso a los procedimientos de democracia semidirecta, ampliando sus esferas de actuación e introducir paulatinamente prácticas de democracia directa".*

Transformar en ciudadana la democracia representativa al uso es una tarea ineludible para culminar el proceso de institucionalización democrática intraestatal y sentar las bases para la extensión del principio de democracia ciudadana a los procesos de adopción de decisiones que tienen lugar en el ámbito global. Pero ¿cómo se evoluciona desde la actual democracia representativa a la democracia ciudadana? No será fácil dado que se trata de un proceso que, en un horizonte histórico y dinámico, pretende que la democracia sea directa siempre que resulte posible. Es decir, *una democracia ciudadana y sin líderes; excepcionalmente, democracia representativa.* Ciertamente un camino difícil de transitar. Hay enemigos que acechan en el camino a quienes pretendan una merma de las posibilidades —hoy totales y exclusivas— de la democracia representativa. *¡Ay* —advierte Soriano— *de quienes atenten contra este tipo de democracia que enseñorea y domina todo el espacio político de nuestras democracias!*

### ¿Una democracia ciudadana sin herramientas políticas *ad hoc*?

El modelo de democracia ciudadana que se apunta en *Democracia vergonzante y ciudadanos de perfil* tiene una referencia estatal. Su campo de juego es el Estadonación. Es más, al salir de las dimensiones orgánicas y funcionales y apelar a ese presupuesto de la convicción ciudadana que es el sentimiento de ser y sentirse *ciudadano activo* y *de frente* —*encrespados* incluidos— preocupado por la *res publica,* el argumento/acicate que respalda la acción política, en un plano de igualdad sin complejos, es la titularidad de una parte alícuota de la soberanía popular. Soberanía, siempre en relación con el Estado.

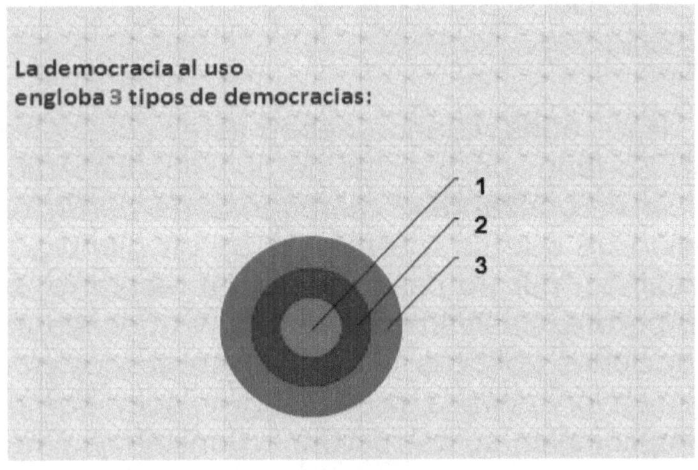


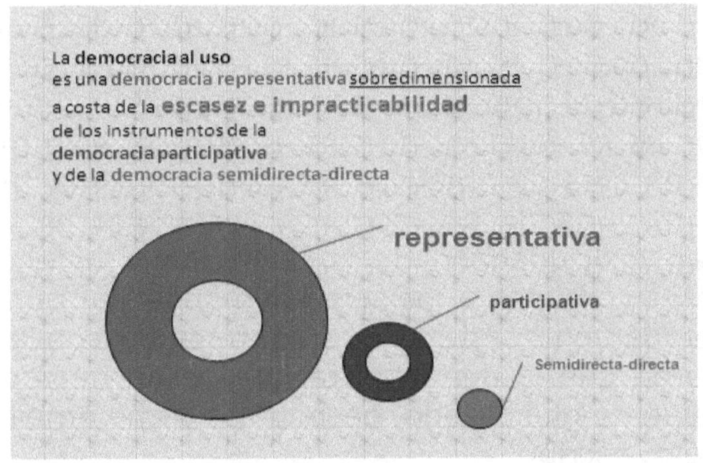

Hace años, cuando debatí estas cuestiones con el Prof. Soriano, poco antes de que publicásemos *Democracia vergonzante y ciudadanos de perfil*, tuve la impresión de que se trataba: a) de un planteamiento poco realista, por no pasar de ser un recetario, sugestivo sí, pero exclusivamente teórico y abocado a recurrir a opciones políticas —los diversos *grupos ciudadanos de acción política* propuestos— que, por mucho que simplificasen su estructura organizativa y flexibilizasen sus procesos de adopción de decisiones, no dejaban de ser instrumentos asociativo-decisionales convencionales; b) un modelo despilfarrador de energía política al marginar, en cierto modo, a muchos *grupos de ciudadanos de interés público,* sólo movilizados en aras de objetivos parciales, máxime cuando en la mayoría de sus acciones sectoriales estaba el germen ecociudadano de la definición y defensa de intereses comunes a los seres humanos; y c) un afán deliberadamente estatal que contrastaba con la exigencia de que la democratización, en un mundo crecientemente globalizado, desbordase dicho ámbito. En concreto, escribí:

"*La propuesta del Prof. Soriano resulta sugerente, máxime si la complementamos con estrategias ad hoc para el encauzamiento de la energía potencial de los grupos ciudadanos de interés público y la neutralización del pernicioso efecto moderación-adulteración que suele acompañar a los procesos de integración institucional que les acechan. La proliferación en la arena de los grupos de ciudadanos de acción política supondría un paso gigantesco en el camino de la democracia ciudadana, aunque sólo fuera por los beneficios inherentes a esa nueva habilidad de la sociedad civil para atinar con el arma ciudadana en la verdadera diana política. Si se tiene en cuenta el fenómeno del secuestro por los partidos políticos de la democracia representativa —la democracia vergonzante— el influjo del renovado movimiento ciudadano no tardaría en hacer sentir sus efectos beneficiosos en el funcionamiento de éstos, condicionando sensiblemente, para bien, el juego democrático gracias al creciente desapoderamiento de funciones antes ocupadas por las organizaciones partidistas y su traspaso a la ciudadanía. Sin embargo, ¿resultaría suficiente esta interacción entre las instituciones, los partidos políticos, los grupos de ciudadanos de interés público y los nuevos grupos de ciudadanos de acción política? ¿Habría servido la propuesta para colmar las actuales lagunas y corregir las principales disfunciones que aquejan al sistema democrático representativo de ámbito estatal? ¿Cuánto habríamos avanzado hacia la democracia ciudadana?*

**El Prof. Ramón Soriano**
**Cursos de Verano de Doñana (07.2002**)

*Seguramente en ese nuevo escenario, a pesar de una notable mayor influencia de la sociedad civil, ésta continuaría excesivamente fragmentada, ya que junto a los partidos políticos y a los nuevos grupos de ciudadanos de acción política, lo más probable es que siguieran proliferando variopintos y dispersos grupos de ciudadanos de interés público movilizados en aras de objetivos parciales. El derroche resultante de un bien escaso como es la energía ciudadana continuaría haciendo del sistema —si se me permite expresarlo así— un modelo de despilfarro de energía política nada sostenible, tanto más cuanto que en la mayoría de esas acciones ciudadanas sectoriales se encuentra —lo hemos resaltado antes— el ger-*

64

*men ecociudadano de la definición y defensa*
*de los intereses comunes a los seres humanos,*
*con todo lo que ello conlleva de potencial cata-*
*lizador de un nuevo paradigma sostenible".*

Nada añadiría a lo dicho si no fuese porque el MPF que he perfilado en este tiempo puede coadyuvar a acelerar el tránsito de la democracia representativa hacia la democracia ciudadana. El MPF posibilita una novedosa dimensión de los procesos asociativo-decisionales que abre posibilidades insospechadas: el asociacionismo blando y la participación a la carta. No consiste en una mera receta o prospecto teórico, sino que se materializa, por ahora, en un útil político concreto y una peculiar fórmula de aplicación parcial del mismo a los instrumentos asociativo-decisionales convencionales: la instancia de participación fraccionada (IPF) y el ámbito virtual de ecociudadanía (AVE), respectivamente. Abre de par en par la puerta, como explico en *Asociacionismo blando y participación a la carta,* a la participación individual —que no individualista— del ciudadano en un innovador contexto de socialización del protagonismo político que pone coto a las periclitadas fórmulas de los liderazgos habituales, basados en la asunción, permanente o rotativa, de la iniciativa, la dirección y la representación exclusiva por uno o escasos dirigentes. Un ciudadano que, por tener a su alcance múltiples oportunidades de participación fraccionada (oportunidades PF) —que podrá transformar en impulsos y acciones de participación fraccionada (impulsos PF y acciones PF)— superará esa fatal convicción de la neutralidad de sus actos que subyace a la compartida sensación de que las acciones individuales carecen de repercusión general y no sirven para tratar de cambiar las cosas. Sen-

sación de impotencia bien arraigada que limita el asociacionismo y frustra por doquier la acción política
convencional de la sociedad civil. Un ciudadano, en
definitiva, más estimulado a constituir *"grupos de ciudadanos de acción política"*, pero que también podrá
optar por autoconstituirse en ciudadano o ecociudadano de participación fraccionada (ciudadano o ecociudadano PF) o, si se prefiere, en ciudadano-ecociu-
dadano de acción política.

## El MPF y la democracia ciudadana

¿Cómo y en qué medida puede influir el desarrollo del MPF en la transición de la democracia representativa hacia la democracia ciudadana? Veámoslo.

Es cierto que partimos de esa realidad poco
esperanzadora que es la ausencia de una *concepción
republicana de la ciudadanía*. La gran masa de ciudadanos que segrega la democracia representativa al
uso —la que sale de nuestras escuelas, institutos y
universidades— acaba nutriendo las filas de ese *público fantasma* que diría Lippmann,[20] que *"no existe
porque no tiene opiniones"* o porque no llega a expre-
sarlas. Incapaz de desplegar una virtud cívica que, por
lo general, nadie le ha imbuido se instala en la impotencia o se embosca en la indiferencia. Un *ciudadano
dimitido* que, por no disponer de instrumentos de
formación —y autoformación— y de acción políticas
adecuados, ni puede, ni acierta a participar *de frente*
en el diseño de una sociedad insostenible que se des-
truye a sus espaldas. Un absurdo *ciudadano de perfil*
que se mueve exclusivamente en el ámbito de lo privado y, si acaso, se contenta con el ejercicio del dere-

---

[20] Lippmann, W.; The Pahntom Public, Nueva York, Harcourt, 1925.

cho al voto y, en su propio perjuicio, obvia el cumplimiento de deberes y renuncia a derechos ciudadanos duramente conquistados y de los que aún no disfrutan la gran mayoría de sus congéneres, que ni siquiera tienen a su alcance ese remedo de democracia.

Tiene sentido proponer una *democracia de grupos* constituida por ciudadanos que tengan la política —en su acepción más amplia— como objeto específico de su dedicación republicana —*grupos de opinión y crítica política, de control de las acciones políticas, de iniciativas parlamentarias*, etc.—, pero ¿es suficiente proponerlo? De hecho, ¿cuántos de estos grupos surgen, por ejemplo, en nuestros campus universitarios? ¿Es razonable pensar que aquella polémica asignatura de *educación para la ciudadanía* podría invertir esta situación? ¿Resultará viable esta *democracia de grupos* si no se dispone de los útiles apropiados para la AAE? ¿Basta flexibilizar el asociacionismo convencional con el sólo apoyo de las nuevas tecnologías de la infocomunicación para tratar de detener su creciente y perniciosa deriva institucional? ¿O, acaso, los grupos de ciudadanos de acción política, que *mantienen una relación y cohesión y una organización mínima,* no se manifiestan presos de las reglas del asociacionismo convencional?

Aquí es donde entra en juego el MPF, sus instrumentos de aplicación y el conjunto de iniciativas asociadas a su proceso de experimentación colectiva que, como trataré de demostrar, no sólo estimularían un nuevo y más eficaz activismo político por parte de la ciudadanía, sino también el inseparable adiestramiento republicano. Adelantaré que podrían incrementar exponencialmente: a) el grado de virtud cívica y el interés de la ciudadanía por la política; b) la generación de demandas políticas ciudadanas, acompañadas de iniciativas y acciones para forzar el debate social y su implementación, en vez de aguardar a que sean los partidos políticos quienes se decidan a plantearlas y, en su caso, a legislar sobre ellas a su conveniencia; c) el control de los compromisos electorales y de cualesquiera tareas cuya ejecución y supervisión competa a los poderes públicos; d) el grado de seguridad ante el riesgo de represalia que aún mantiene la democracia representativa; e) la utilidad de los actos políticos individuales —impulsos PF y acciones PF— por nimios o intrascendentes que parezcan; f) la autonomía y el pluralismo; y, en fin, g) la socialización del protagonismo político en detrimento de los liderazgos convencionales, basados en la asunción, permanente o rotativa, por uno o escasos dirigentes de la iniciativa, la dirección y la representación exclusiva, etc.

Sí, por tanto, al rearme de la sociedad civil y a su presencia creciente —y, si fuere posible, apabullante— en la vida política. De acuerdo con la participación y la *"canalización de las misma a través de grupos de acción política"* y, también, la de otros *grupos de ciudadanos de interés público* que, aunque tiendan a movilizarse en aras de objetivos parciales, nada les impide hacer suyos los planteamientos "políticos" propios de los primeros.[21] Y no sólo de tales grupos, también de los futuros ciudadanos PF que propongo, o de aquellos, pero enriquecidos por las nuevas oportu-

---

[21] ¿Por qué no potenciar que ONG pacifistas, de cooperación al desarrollo o de defensa del medio ambiente incluyan crecientemente entre sus acciones reivindicaciones puramente políticas, como la lucha civil por nuevas leyes de iniciativa legislativa popular, de referéndum o de partidos políticos, etc. más acordes con la democracia ciudadana?

nidades y posibilidades de intervención en los asuntos públicos que les brindaría el asociacionismo blando y la participación a la carta que describo con detalle en la tercera parte de mi pentalogía *El amanecer de una democracia inesperada*. Y, por supuesto, de múltiples fórmulas innovadoras de cooperación de los seres humanos, ya se integren en el sistema institucional, actúen en paralelo o concurran dialécticamente con él. Y, además, todo esto no necesariamente circunscrito al limitado plano intraestatal.

Vaya por delante que aunque el MPF, insisto, sea perfectamente aplicable al ejercicio del republicanismo propiciando en el plano estatal actitudes deliberadamente globales o ecociudadanas, mi esfuerzo se encamina a sentar las bases para que la ciudadanía también pueda practicarlo en ese espacio, hoy ajeno a toda democracia, que se abre más allá del Estadonación: un republicanismo global o ecociudadano propio de una nueva sociedad que, precisamente por ello, podrá ser muy diferente de la actual.

## DEMOCRACIA CIUDADANA
## *VERSUS* DEMOCRACIA ECOCIUDADANA

Dicho esto sobre cómo contribuir a la evolución de la actual democracia representativa hacia una democracia ciudadana, voy a referirme a la extensión del principio de democracia ciudadana a los procesos de adopción de decisiones que tienen lugar en el ámbito global para propiciar el gobierno ciudadano de los asuntos públicos a escala planetaria. Esto es, cómo contribuir a reforzar el incipiente papel de las asociaciones para la participación política convencionales y de los futuros ciudadanos PF en la esfera internacional y en el contexto de la globalización de la democracia. Si es complejo el anterior proceso, más lo será tratar de transformar la democracia ciudadana en democracia ecociudadana. Algo que, como veremos, no se limita a su mera prolongación espacial al plano internacional, sino que exige profundos cambios cognitivos y actitudinales.

## Democracia y globalización

De hecho, se habla y se escribe sobre la globalización de la democracia y muchos autores consideran urgente que el curso de la democratización desborde el ámbito meramente estatal. Parece lógico que sea así en un mundo tan interconectado como el actual, en el que tienen lugar complejos procesos de interrelación económica, política, legal, cultural, militar etc. que escapan al control de cualquier Estado particular y en el que el diseño y la adopción de decisiones importantes se desplazan a la esfera supraestatal, sea regional o global. Es notorio que muchas de las disposiciones de carácter estatal ya no afectan exclusivamente a sus nacionales, sino que tienen consecuencias relevantes para ciudadanos que ni intervinieron en su adopción ni, por supuesto, tendrán oportunidad de ejercer sobre ellas control democrático alguno. Y ello tiene, sin ningún género de dudas, como ha puesto de relieve David Held, *"implicaciones considerables, no sólo para las categorías de consenso y legitimidad, sino también para todas las ideas clave de la democracia: la naturaleza del cuerpo político, el significado de la representación, la forma y el alcance adecuados de la participación política y la relevancia del Estado nación democrático, enfrentado a las turbulentas pautas de relaciones y restricciones del orden como ga-*

*rante de los derechos, las obligaciones y el bienestar de los ciudadanos".*[22]

Si partimos de que los seres humanos tienen un núcleo básico de intereses comunes debemos reconocer a renglón seguido que estos ni coinciden necesariamente con los intereses de sus propios Estados, ni resultan compatibles con la actual dinámica globalizadora. Históricamente, el proceso de organización internacional de inspiración westfaliana responde a la satisfacción de los intereses comunes de unos Estados que, a regañadientes, ha ido avanzando a impulsos de sus necesidades, primero de coexistencia y, mucho más recientemente, de cooperación. Por su parte, la globalización, que caracteriza al ciclo histórico inaugurado por la caída del Muro de Berlín, en noviembre de 1989, y la debacle de la Unión Soviética, en diciembre de 1991, posibilita que los mercados financieros dicten sus propias leyes a los individuos, a las empresas y a los Estados-nación individuales ante la mirada impotente, cuando no la complicidad activa, de unas organizaciones internacionales desbordadas.[23] Propicia una economía diabólica que hace caso omiso de cualquier frontera, burla toda reglamentación que se le interponga y enfrenta la potente lógica financiera a la débil resistencia de una democracia crecientemente inadaptada y, como mantengo, secuestrada por los partidos políticos. La plena extensión al plano supraestatal del principio de democracia ciudadana es una etapa esencial e irrenunciable del proceso interactivo de perfeccionamiento de la organización de la convivencia de los seres humanos. *Para*

---

[22] Held, D.; *op. cit., p.* 40.
[23] Ramonet, I., *"Impacto de la Globalización en los países en desarrllo"* Conferencia, Buenos Aires, 11.07.2000.

*ser efectiva,* —nos recuerda Held  en la obra citada— *la ley democrática debe internacionalizarse. Por lo tanto, la implementación del derecho cosmopolita y el establecimiento de una comunidad cosmopolita —una comunidad de todas las comunidades democráticas— debe convertirse en una obligación para los demócratas.* Algo, dicho sea de paso, que nada tiene que ver con los propósitos de la gran mayoría de los actuales independentistas catalanes.

## Una democracia de ecociudadanos

Una vez expuesta la singular acepción del término ecociudadanía que manejo podría colegirse que por democracia ecociudadana quiero significar la prolongación al plano supraestal del ejercicio de la democracia ciudadana. Sin embargo, no se trata tanto, o sólo, de que el ciudadano pueda y sepa ejercer la democracia en dicho plano, sino de que llegue a hacerlo con genuina actitud ecociudadana. Actitud cívica alternativa, responsable y solidaria, comprometida prioritariamente con la definición, formulación y defensa de los intereses comunes de los seres humanos, que constituye un acto de legítima profundización democrática y de emancipación ciudadana, coherente con el hecho histórico de la globalización. Algo que podría ser viable merced a potentes y accesibles herramientas políticas de nuevo cuño —del tipo de la instancia de participación fraccionada (IPF) que desarrollo en *Asociacionismo blando y participación a la carta*— autogeneradoras de nuevas y sugestivas modalidades de asociacionismo y de participación, plenas de autonomía, pluralismo y eficacia. En realidad la democracia ecociudadana es, ante todo, una democracia ejercida por ecociudadanos o democracia de ecociudadanos.

Matiz esencial, derivado del derecho-deber de ecociudadanía, que compromete a la ciudadanía en una doble tarea: la ruptura ciudadana del corsé Estado nacional y la progresiva asunción del que podría llamarse paradigma de la interdependencia o de la solidaridad inteligente.

## Una sociedad desconocida

El desconocimiento de la estructura y funcionamiento básicos de la sociedad internacional es generalizado. Ni los ciudadanos individualmente, ni muchas de sus convencionales asociaciones para la participación política, están familiarizados con los procesos de adopción de decisiones en las esferas regional y global y tampoco suelen comprender los complejos vericuetos técnico jurídicos de la elaboración de las normas internacionales que, por lo demás, nadie les ha explicado. El sistema internacional aparece como un espectáculo cotidiano de contradictorios mecanismos apaga-enciende fuegos que tiende a ser percibido como el fracaso de un sistema ineficaz e incomprensible. Un sistema que genera frustración y desidia en los más afortunados y todo tipo de penalidades sin cuento, pérdida de la vida incluida, en quienes, como ha escrito Naïr, *"no han tenido la suerte de nacer bien"*. Una realidad obscura e inabarcable que desactiva cualquier atisbo de impulso para el quehacer político ecociudadano. Un derecho, aún muy alejado de cumplir un designio que, como apunta Marti Koskenniemi, no es *"reutilizar a un reducido número de expertos para realizar tareas más efectivas en términos*

*de coste-beneficio, sino el de reestablecer la esperan-
za para la especie humana"*.[24]

El déficit de socialización político internacional de los ciudadanos es un hecho incuestionable. Es importante en el doble plano cognitivo y actitudinal. Llama la atención que, en nuestro país, sean escasísimos los planes docentes universitarios que incluyen el estudio sistemático de la sociedad internacional y de las cuestiones jurídicointernacionales y, cuando lo hacen, el enfoque generalmente memorístico frustra el aprendizaje creativo. En el plano de la enseñanza no universitaria el proceso de enseñanza-aprendizaje se resiente de las graves lagunas en este campo de los planes de estudio en que se han formado la mayoría de los docentes. Y lo que es aún más importante: en la era de la globalización ese desconocimiento generalizado oculta o difumina los puntos claves en los que poder apoyar las palancas emancipadoras de la sociedad civil organizada, contiene la imaginación, merma la audacia y dificulta sobremanera la promoción exitosa de iniciativas ecociudadanas incisivas. Hechos acaecidos en nuestro país, como las iniciativas y protestas con marcado referente internacional promovidas en el seno de la sociedad civil — defensa de los derechos humanos, reivindicación del 0'7%, protección del medio ambiente, etc.— casan mal con la aceptación pacífica por los ciudadanos y, más aún, por las propias organizaciones y colectivos promotores, de las limitaciones constitucionales de la iniciativa legislativa popular —exclusión de las materias de carácter

---

[24] Koskenniemi, M.; *"The Fate of Public International Law: Between Technique and Politics"*; en The Modern Law Review, volumen 70, núm. 1, 01.07; pp. 1-30, 30.

internacional— (art. 87, 3); la limitada regulación actual del referéndum que, como es sabido, excluye la materia internacional (art. 92) o la sumisa aceptación de las condiciones impuestas por la política exterior a los programas de ayuda al desarrollo y a los colectivos de cooperantes que los ejecutan, etc. Y no digamos ya en el plano internacional, cuando, por desconocimiento, no se reivindican con firmeza, o se desaprovechan, resortes de observación, control, intervención o denuncia que brindan al ciudadano y a sus asociaciones determinados organismos internacionales y algunos tratados en el marco de la ONU y, muy particularmente, en el seno de la Unión Europea y del Consejo de Europa. El éxito de una eventual acción política dirigida directamente a la abrogación de esas y otras limitaciones constitucionales en materia internacional y el aprovechamiento a fondo de los escasos, pero potencialmente potentes resortes disponibles, supondría la conquista de peldaños esenciales en la lucha de la sociedad civil por promover valores alternativos. Curiosamente este tipo de reivindicaciones no suelen atraer la atención de la gran mayoría de colectivos que dicen profesarlos.

## Un derecho-deber de ecociudadanía

Afrontar el gobierno ciudadano de los asuntos públicos a escala planetaria (ya he dicho, que no se trata tanto, o sólo, de que el ciudadano pueda y sepa ejercer la democracia en el plano internacional, sino de que llegue a hacerlo con genuina actitud ecociudadana) presupone que los ciudadanos, comprometidos con todas sus consecuencias en una nueva sociedad civil global provista de sus propios objetivos, estrategias, instrumentos y procedimientos de acción, asuman que tienen un deber y un derecho fundamental de ecociudadanía que pueden ejercer mediante instrumentos apropiados accesibles y eficaces. Esto es, que los seres humanos, con independencia de su nacionalidad, estén convencidos de su pertenencia a una única sociedad sostenible y de responsabilidad global que les atribuye el derecho y el deber de participar en la *res publica* planetaria, al tiempo que les proporciona al efecto el utillaje formativo y político preciso.

La afectación directa de esa, cualitativa y espacialmente, nueva democracia ciudadana al servicio de la ecociudadanía —la democracia ecociudadana— constituye una tarea extremadamente compleja y duradera que presupone un proceso simultáneo de sustitución de determinados valores y hábitos imperantes que son incompatibles con los principios de interdependencia y sostenibilidad. La adopción generalizada de paradigmas compatibles —una ardua tarea cultural y educativa— sólo resultará de una apasionante empresa de socialización política progresiva, en términos de sociedad sostenible y de responsabilidad global, de múltiples generaciones.

El paradigma de la modernidad imperante, que está en la base de esa formidable revolución del capitalismo financiero que se llama globalización, tiene su propia jerarquía de valores que colisionan frontalmente con los que habrían de presidir una sociedad sostenible y de responsabilidad global. Se podrá afirmar que, por culpa de lo que muchos llaman *"globalización neoliberal salvaje",* se ha producido *"un crecimiento explosivo de las desigualdades y del retorno de la pobreza..."*;[25] que *"en lo referente a las rentas, las de-*

---

[25] Ramonet, I.; *Le Monde Diplomatique*, mayo, 1998.

*sigualdades han crecido espectacularmente...*" o negarlo, al estimar que "*... en los últimos años, las tasas de pobreza en el mundo han bajado, el número de pobres ha bajado y las desigualdades han bajado...*";[26] se valorará de maneras distintas el milagro asiático de las dos últimas décadas; el que en África, empobrecida día a día, se encuentren la mayor parte de los pobres de la tierra, pero se tolera que nuestra subvencionada política agraria (la europea, la norteamericana y la japonesa) haga imposible que un campesino venda su leche en ese continente, respaldando en la práctica un modelo no sostenible irresponsable, nada solidario y cada vez más excluyente, capaz de que una porción mínima (el 20% de la Humanidad) usurpe el 80% de los recursos disponibles y que, en definitiva, se sigan adoptando por doquier pautas de conducta altamente agresivas respecto a los seres humanos y a la Naturaleza. Se trata de hechos incontrovertibles que anuncian, si se me permite el paralelismo con el ajedrez, una situación de jaque mate propiciada por la promoción y aceptación generalizada de los siguientes valores que, de acuerdo con la profesora Novo, explican los comportamientos sociales dominantes. El hombre como centro del planeta; la no percepción de la interdependencia, ni de la interconexión de los diversos fenómenos que propician la vida en el planeta Tierra; la consideración de la Naturaleza como un bien inagotable; la equiparación entre ambiciones y necesidades y su valoración por encima de los recursos disponibles; la identificación del progreso con la máxima posesión de bienes; la ignorancia o el olvido de

---

[26] Sala i Martín, X.; *"The World Distribution of Income: Falling Poverty and... Convergence Period",* Quaterly Journal of Economics, mayo, 2006, Vol. 121, núm. 2, pp.351-397. expuesto en Sala i Martín, X.; en "Globalización y reducción de la pobreza", FAES, 2006.

la presencia de otros seres humanos en nuestras vidas; la convicción de la neutralidad de nuestros actos y la justificación de nuestra impotencia; la sobrevaloración del espacio y el modo de vida urbanos; y la primacía absoluta del presente sobre los planteamientos a medio y largo plazo. Estos valores del paradigma de la modernidad se enfrentan a un inaplazable replanteamiento ético. Afortunadamente, —como indica Fernando León—[27] el juego del desarrollo de los seres humanos, a diferencia del juego del ajedrez, permite una alternativa drástica a tan catastrófica situación: el cambio de las reglas del juego. Esto es, la búsqueda y subsiguiente promoción de paradigmas compatibles.

Concluiré este capítulo con algunas referencias básicas a la regulación jurídica internacional de la comunidad internacional y al concepto de ciudadanía europea por su simbolismo histórico al romper el bloqueo o el cerco estatal a la ciudadanía.

## EN TORNO A LA REGULACIÓN DE ESE ESPACIO MÁS ALLÁ DEL ESTADO

¿Comunidad internacional o sociedad internacional? En la práctica se utilizan ambas expresiones indistintamente. Sin embargo, la primera suele cuestionarse. Como es sabido, a tenor de la conocida distinción, en el seno de la sociología alemana, entre comunidad —*gemeinschaft*— y sociedad —*gesellschaft*—, la primera expresión se fundamentaría en el sentimiento (parentesco, vecindad, amistad), mientras que el vínculo societal derivaría solamente de las

---

[27] León Jiménez, F.; El Derecho Humano al Medio Ambiente: ¿Escala de tránsito hacia un nuevo paradigma ecológico?, tesis doctoral, Universidad de Huelva, Facultad de Derecho, 1999.

necesidades de intercambio, esto es, del interés. De ahí, que en plano universal la segunda expresión se ajuste más a una realidad internacional presidida por un conjunto heterogéneo de Estados soberanos, la existencia de diferentes razas, culturas, civilizaciones, conflictos ideológicos, religiosos, políticos, desniveles de desarrollo, etc.; y la primera se perciba como una aspiración utópica por pivotar en la solidaridad internacional. Cabe afirmar que *"se asiste* —indican el Prof. Nguyen Quoc Dinh y sus colaboradores,[28]— *a un reconocimiento progresivo, lento y prudente, de una cierta personalidad jurídica de la comunidad internacional, sin saberse si debe limitarse a la de los Estados o si se trata de una noción más englobante"*.[29] Lo cierto es que la comunidad internacional no dispone de una capacidad de ejercicio directo de sus derechos y deberes, ni tiene una responsabilidad jurídica directa. Sus derechos son limitados y sólo pueden ser ejercidos por Estados y organizaciones internacionales, en su condición de sujetos del derecho internacional.

Pues bien, es en ese contexto en el que aparece un derecho —el derecho internacional— distinto de los derechos internos de los Estados soberanos, cuyo objetivo es asegurar la coexistencia de éstos y, percibida su interdependencia, organizar su necesaria coo-

---

[28] Daillier, P.; Pellet, A.; (✝ Nguyen Quoc Dinh); Droit International Public, L.G.D.J, París, 2002, p. 401.

[29] Por ejemplo, el art. 53 de la Convención de Viena sobre el Derecho de los Tratados establece el principio de *ius cogens* ("norma aceptada *y reconocida por la comunidad internacional de Estados en su conjunto como norma que no admite acuerdo en contrario y que sólo puede ser modificada por una norma ulterior de derecho internacional general que tenga el mismo carácter."*); el art. 1 de la Convención de 1967, sobre los principios que rigen las actividades de los Estados en materia de exploración y de utilización del espacio extra-atmosférico... se refiere a las mismas como propias de *"toda la humanidad"*, etc.

peración, sin dejar nunca de preservar su independencia. Se trata, pues, de una estructura jurídica esencialmente de *coordinación*. De *coordinación*, sí, pero en la que ya, justo es decirlo, despuntan incipientes elementos de un derecho de *subordinación*. Al lado de un predominantemente derecho clásico de naturaleza *"relacional"*, funciona un derecho *"institucional"* de estructura diferente.[30] Dicho de otro modo: aunque en lo esencial siga predominando la estructura de *"yuxtaposición de Estados"* propia del sistema westfaliano tradicional, el panorama jurídico internacional contemporáneo permite apreciar dimensiones de cambio prometedoras, asociadas, en gran medida, a la eclosión del fenómeno de organización internacional tras la II Guerra Mundial.

La realidad es que hay un derecho distinto del derecho interno —el derecho internacional— que regula o trata de regular, con más o menos éxito, una sociedad esencialmente diferente de las nacionales —la sociedad o comunidad internacional—. *Ubi societas, ibi ius.* Ahora bien, dado que a los seres humanos se nos asocia al nacer con una determinada sociedad nacional, interna o estatal, tendemos a creer que no hay otro modo de modelar un sistema jurídico o legal que el que hemos interiorizado merced a nuestro proceso de socialización política en términos de Estado nación. Así, hemos llegado al convencimiento de que toda regulación jurídica se dirige a personas o grupos de personas, comporta instituciones centralizadas encargadas de elaborar las leyes, dirimir las disputas y exigir su cumplimiento. De ahí, que advertir que esto no tiene que ser siempre así —y que, de hecho, no lo es en el plano supraestatal— constituya la obligación

---

[30] Dupuy, R.J.; Le Droit International Public, P.U.F, 1990.

inicial de todo el que trade de explicar el sistema jurídico internacional. El Prof. Cassese, por ejemplo, es rotundo y no duda en incluir este aviso a navegantes al comienzo de su manual: *"Los rasgos de la comunidad mundial —world community— son singulares. No captar —nos dice— este hecho crucial acarreará inevitablemente una mala interpretación grave del impacto del derecho sobre esta comunidad".*[31]

¿*Ius gentium*? ¿Derecho de gentes? ¿Derecho internacional? ¿Derecho internacional público? ¿Derecho internacional privado? ¿Derecho transnacional?... Hasta que Bentham, en 1870, no utilizó la expresión *derecho internacional —international law—* se había empleado la expresión latina *ius inter gentes* o *derecho de gentes,* adoptada por Vitoria en el siglo XVI, que procedía del *ius gentium* de los romanos. Expresión menos usada en la actualidad, pero no desaparecida. De hecho, George Scelle prefirió titular su obra sobre el derecho internacional *"Précis de droit des gens",* advirtiendo que el término *gens* no debía entenderse sólo en su etimología latina, que alude a colectividades organizadas, sino en su sentido vulgar y habitual de individuos considerados aisladamente como tales y, colectivamente, como miembros de sociedades políticas. Scelle opinaba que la expresión derecho internacional era inexacta porque la *"sociedad internacional no debiera ser otra cosa que una sociedad de individuos".* Y aunque, como recordaban el Prof. Nguyen Quoc Dinh y sus colaboradores, si hubo una rivalidad entre las expresiones derecho internacional y derecho de gentes, hoy se ha superado completamente, aunque la identidad entre ambas no es completa.

---

[31] Cassese, A.; International Law,Oxford University Press, 2ª ed., 2005, p.3.

La primera está más próxima a la idea de un derecho *entre* las naciones, la segunda evoca la perspectiva más amplia de un derecho *común* a las *gens*.

Por su parte la distinción entre público y privado se debe a la diferencia de objeto: las relaciones entre Estados, en el primer caso; las relaciones privadas que comportan elementos de extranjería derivados de la diversa nacionalidad de los sujetos o del lugar, fuera del territorio nacional, donde aquellas tengan lugar, en el segundo. Derechos que no son ajenos entre sí, pues aunque los mecanismos propios del sistema de conflictos de leyes posibilitan determinar el derecho nacional aplicable cuando concurren varios para resolver un determinado asunto, también cabe la intervención de elementos formales que alteren el tradicional reparto entre derechos y que, por tratarse de normas elaboradas entre Estados, vía tratado, son formalmente derecho internacional público. De ahí que, como estableciera el Tribunal Permanente de Derecho Internacional en el asunto de los Empréstitos serbios, *"las normas de derecho internacional privado, forman parte del derecho interno"* excepción hecha del supuesto en el que *"hayan sido establecidas por tratados internacionales o costumbres y tuviesen, por tanto, verdadero carácter de derecho internacional regulador de las relaciones entre los Estados"*. Las crecientes relaciones entre particulares y Estados extranjeros apuntan a un régimen jurídico en evolución que tiende a aproximarse a un régimen de derecho público.

Para terminar esta breve digresión terminológica, procede citar la idea del juez Jessup de un *derecho transnacional —transnational law—* en el que quepan ambos, pero que se extienda más allá e incluya también el derecho interno de alcance internacional y las relaciones jurídicas directamente entabladas por las personas privadas entre ellas, cualesquiera que fuesen sus orígenes. No obstante, esta expresión se utiliza en nuestros días para designar las normas de origen privado que aplican los poderes privados, principalmente económicos —empresas transnacionales— en sus relaciones. *Derecho transnacional* sería sinónimo de *lex mercatoria*, una especie de *tercer orden jurídico* distinto del derecho internacional público y de los derechos nacionales.

En consecuencia, se puede afirmar que el derecho internacional contemporáneo ha iniciado un proceso de humanización y ha añadido a sus funciones relacionales y competenciales clásicas, la de promoción del desarrollo integral de los individuos y de los pueblos. De hecho, estos últimos, entendidos como *"grupos humanos caracterizados por la conciencia de su unidad y por una comunidad de tradiciones, cultura y aspiraciones que se traducen en la voluntad de vivir juntos unidos"* [32] han visto reconocidos importantes derechos, entre los que destaca el de libre autodeterminación. Norma conclusiva para la liquidación del colonialismo clásico y la remodelación del mapa estatal durante el siglo pasado.

## La personalidad jurídico internacional

La personalidad jurídico internacional plena —la condición de sujeto primario del derecho internacional— viene dada esencialmente por: a) la capaci-

---

[32] Dreyfuss, S.; Droit des Relations Internationales. Eléments de Droit Public, Troisiéme éd, Paris, Cujas, 1978, p.69.

dad para participar en la elaboración de las normas internacionales; b) ser destinatario de las mismas; c) tener legitimación activa para reclamar internacionalmente su cumplimiento; y d) poder incurrir en responsabilidad internacional —legitimación pasiva— en caso de incumplimiento. En realidad sólo gozan de ella, en sentido originario y pleno, los Estados.

No obstante, otros actores de la comunidad internacional también son considerados sujetos de derecho internacional, si bien su personalidad jurídica deriva de la voluntad de los Estados. *"Los sujetos de derecho en un sistema jurídico* —afirmó el Tribunal Internacional de Justicia en 1949 en su opinión consultiva sobre los daños sufridos al servicio de las Naciones Unidas— *no son necesariamente idénticos en cuanto a su naturaleza o al alcance de los derechos".* Así, la personalidad jurídico internacional de las organizaciones internacionales es derivada y funcional y está condicionada por lo que establezcan al respecto sus tratados constitutivos. En relación con éstas sólo añadiré la aceptada definición de Sir Gerald Fitzmaurice: *"Una asociación de Estados constituida mediante un tratado, dotada de órganos comunes, que posee personalidad jurídica distinta de aquellos".* Tal definición puede que no refleje las diferencias existentes en la realidad, pero permite distinguirlas de las organizaciones no gubernamentales internacionales (ONG u ONGI) y, en concreto, de algunas de ellas como, por ejemplo, el Comité Internacional de la Cruz Roja que desarrolla una verdadera tarea de *"servicio público internacional"* y disfruta de privilegios y prerrogativas propias de las organizaciones internacionales e, incluso, de los Estados.[33] Destacar que si en la primera década del siglo XX había 37 OI, en la actualidad hay más de 300.

Me referiré con más detalle al estatuto jurídico internacional de las *personas privadas*. Expresión que incluye a las *personas físicas* —el *individuo*— y a las *personas morales* (*organizaciones no gubernamentales* y *firmas, empresas o sociedades transnacionales*). Dentro de las personas morales que actúan en el plano internacional tienen especial interés para este trabajo las asociaciones internacionales u organizaciones no gubernamentales internacionales (ONG u ONGI). Una ONG u ONGI es *"una institución creada por una iniciativa privada —o mixta—, exclusión hecha de cualquier acuerdo intergubernamental, que reagrupa a personas privadas o públicas, físicas o morales, de diversas nacionalidades"*.[34] Sus objetivos, como sabemos, pueden ser innumerables, e. g.: humanitarios —*CIIR, Amnistía Internacional...*—; religiosos —*iglesias, Consejo Ecuménico de las Iglesias...*—; científico —*International Law Association...*—; político —*Federación Socialista, Liberal...*—; económico y social —*federaciones sindicales, asociaciones profesionales...*—; deportivo —el *Comité Olímpico Internacional...*; ambiental —*Greenpeace, WWF...*— etc. Sin lugar a dudas un fenómeno con creciente influencia, como lo avala el hecho de que haya más de 23.000 ONGI con rango consultivo en la ONU, en las que están involucrados millones de personas, si bien es cierto que la mayor

---

[33] El CICR tiene estatuto de observador en la ONU y firmó un acuerdo de sede con Suiza, en 1993, que tiene rasgos comunes con acuerdos similares concluidos con las OI.

[34] Daillier, P.; Pellet, A.; (✝ Nguyen Quoc Dinh); *op.cit., p.*643.

parte tienen sus sedes y la base principal de sus actividades en Europa y Estados Unidos.

En derecho internacional se dice que la personalidad jurídico internacional de este tipo de asociaciones internacionales es derivada, funcional y relativa. Su diversidad y heterogeneidad, que plantea dudas al reconocimiento global de un estatuto internacional propio y concreto, no excluye el significativo papel que desempeñan en las relaciones internacionales, especialmente en su participación en el proceso de elaboración de las normas internacionales, al que ahora me referiré.

Las sociedades transnacionales. Aunque sus denominaciones —empresas, firmas, sociedades...— y sus calificativos —internacionales, multinacionales, mundiales, transnacionales— son variados, utilizaré la de *sociedades transnacionales* por ser la que se suele emplear en la terminología onusiana. Pues bien, dichas sociedades se diferencian de las ONGI en que tienen finalidad lucrativa. Las sociedades transnacionales son empresas propietarias de instalaciones de producción o de servicio, o los controlan, fuera del país en el que están establecidas. No siempre son sociedades anónimas o sociedades privadas, también cooperativas o entidades pertenecientes al Estado. O, si se prefiere —como las definió el Instituto de Derecho Internacional en 1977— *"empresas constituidas por un centro de decisión localizado en un país y centros de actividad, con o sin personalidad jurídica propia, situados en uno o varios países distintos..."*. También cabe resaltar el aspecto empírico de su actividad afirmando que son sociedades que *"tratan de optimizar sus beneficios mediante operaciones con o en el extranjero, que se encuentran sometidas a diversas influencias nacionales"*; o b) poner el acento en los efectos de sus actividades: *"empresas que, por la diversidad de sus intereses internacionales, pueden sacar mejor partido de la división del mundo en Estados soberanos"*.[35]

Su estatuto jurídico tiene, por regla general, carácter de derecho interno, lo que no deja de plantear dificultades debido a la limitación territorial de éste que impide encuadrar eficazmente sus actividades sometidas a diferentes legislaciones estatales. Nada obsta para afirmar que se les reconoce la condición de sujetos de derecho internacional *"menores"* y, por supuesto, con una personalidad *"derivada, funcional y relativa"*. *Derivada* de la celebración con los Estados de contratos sometidos a normas y procedimientos de derecho internacional —de ahí que se limite a los derechos y deberes contractuales—; *funcional*, esto es, limitada a sus necesidades para cumplir sus deberes y exigir el respeto de sus derechos, y *relativa*, por ser oponible sólo al Estado o Estados que la reconocen.

El individuo o persona física —los manuales de derecho internacional público apenas hablan de ciudadanos— poco cuentan, en términos de subjetividad jurídico-internacional, en un ámbito genuinamente interestatal. Sin embargo, el gran ausente, que sólo se había relacionado tradicionalmente con el derecho internacional a través de los Estados, comienza a estar presente en dicha esfera. Si en el caso de las organizaciones internacionales fueron determinantes las razones de conveniencia y eficacia, en el de los indivi-

---

[35] Daillier, P.; Pellet, A.; (✝ Nguyen Quoc Dinh); *op. cit., p.* 647.

duos —como, también en el de los movimientos de liberación nacional— lo fue el factor ideológico (doctrinas de los derechos humanos y de la autodeterminación, respectivamente). De hecho, el individuo ha comenzado a emerger en el plano jurídico internacional. En gran parte en la medida en que determinadas organizaciones internacionales han asumido competencias al respecto, se ha regulado, en ciertos casos, su responsabilidad internacional directa, han entrado en vigor convenios multilaterales que le atribuyen legitimación para reclamar internacionalmente o consagran la aplicación directa de algunas de sus normas, como en el caso del derecho comunitario europeo, y poco más. Hipótesis, pues de aplicación del derecho internacional al margen, o relativamente al margen, del Estado, hoy por hoy excepcionales y, en la gran mayoría de los casos, carentes de alcance general.

En efecto, desde que se inició el desarrollo de la comunidad internacional, en el siglo XVII, hasta principios de la pasada centuria, no existían normas, salvo en el muy discutido ámbito de la piratería,[36] que confiriesen derechos a los individuos con independencia de su nacionalidad. Si estos adquirieron cierta relevancia lo fue como beneficiarios de ciertos tratados relativos al trato de extranjeros, de comercio y navegación, o de costumbres sobre el ejercicio de la función diplomática o la protección diplomática, estos dos

---

[36] Autores como Westlake —a finales del XIX— y más recientemente Kelsen, consideraban que el derecho internacional imponía obligaciones directas a los individuos, relativas a la piratería, al mismo tiempo que, excepcionalmente, autorizaban a cualquier Estado a capturar a los piratas en alta mar y a castigarlos cualquiera que fuesen sus nacionalidades. Otros, como Anzilotti, que el derecho internacional sólo obligaba a los Estados a prohibir la piratería al tiempo que autorizaba a las autoridades nacionales a arrestarlos, perseguirlos y castigarlos.

últimos supuestos inseparables, por su naturaleza, del ejercicio del poder de los Estados. En realidad los individuos quedaban bajo el control exclusivo de sus correspondientes Estados. ¿Es distinta la situación hoy? ¿Cómo y en qué medida ha cambiado la posición del individuo en el plano jurídico internacional? El Prof. Cassese lo resume así: *"En el derecho internacional contemporáneo los individuos tienen personalidad jurídico internacional. Tienen algunos deberes derivados del derecho internacional consuetudinario. Además pueden ejercer acciones legales aunque no con respecto a todos los Estados, sino sólo en relación con el grupo de aquellos que han concluido tratados, o con las organizaciones internacionales que han adoptado resoluciones al respecto. Obviamente, la personalidad jurídico internacional de los individuos es singular: tienen una posición desequilibrada en la comunidad internacional. Están asimilados a los restantes miembros de esta en lo que respecta a sus deberes, pero, por el contrario, no disfrutan de derechos comparables. Sencillamente, todos los Estados pueden exigir a los individuos el respeto de determinados valores fundamentales, mientras que se muestran menos dispuestos a vincularlos a sus actividades internacionales. Se puede afirmar que la diferencia de posición entre los individuos y los Estados, estriba en que estos tienen personalidad jurídico-internacional propia, mientras que aquellos tienen un locus standi limitado en derecho internacional. Además, los individuos, a diferencia de los Estados, detentan una limitada serie de derechos y deberes, esto es, una capacidad jurídica limitada  (hasta cierto punto equiparable a la de otros sujetos internacionales no estatales: insurgentes, organizaciones internacionales y movimientos de liberación)".*

## La participación de las personas privadas en la elaboración del derecho internacional

Para el tema central de este trabajo tiene especial interés el papel desempeñado por las personas privadas —y especialmente las ONGI— en la elaboración del derecho internacional. En concreto, en los tratados internacionales y en los llamados actos jurídicos de las organizaciones internacionales,[37] dado que otras fuentes del derecho internacional, como la costumbre o los principios generales del derecho, por su modo de formación, apenas se prestan a la intervención de las personas privadas.

El artículo 2, párrafo 1.a, de la Convención de Viena sobre el Derecho de los Tratados, de 23 de marzo de 1969, define el tratado como *"un acuerdo internacional celebrado por escrito entre Estados y regido por el derecho internacional, ya conste en un instrumento único o en dos o más instrumentos conexos y cualquiera que sea su denominación particular."* Me fijaré especialmente en los llamados tratados multilaterales, esto es, tratados concluidos entre varios Estados. Su campo de aplicación más amplio, en comparación con los tratados bilaterales, se corresponde mejor con la función de elaborar el derecho al facilitar su unificación y generalización. Desde el Acta Final del Convenio de Viena, de nueve de junio de 1815, considerada el primer ejemplo de esta naturaleza, pasando por la citada Convención de Viena sobre el Derecho de

---

[37] Actos jurídicos unilaterales —imputables a un solo sujeto de derecho internacional— que pueden presentarse con diversas denominaciones, como resoluciones, recomendaciones, decisiones, opiniones consultivas, sentencias, etc. Obviamente, sólo en aquellos actos jurídicos de naturaleza no jurisdiccional es donde puede tener cabida la participación de las personas privadas.

los Tratados de 1969, la Convención del Derecho de Mar de Montego Bay, de diez de diciembre de 1982, hasta otras más recientes, este tipo de tratados multilaterales están asociados a la regulación colectiva de problemas de interés común para los Estados.

Si determinadas sociedades de expertos han desempeñado papeles relevantes en la regulación internacional de ciertas materias, como sucedió con el derecho del mar, ahora son las ONGI —humanitarias, ideológicas, ambientalistas...— las que han asumido esta tarea. De hecho, es creciente la tendencia de las OI a asociar a las ONGI a sus trabajos. Los propios Estados llegan a incluir a sus representantes en las delegaciones gubernamentales oficiales. Es conocido, además, el papel de las organizaciones profesionales, que incorporan trabajadores y empresarios, en el seno de la Organización Internacional del Trabajo, tanto en la elaboración de convenios, como en el control de su aplicación. No es nada nuevo, pero cabe afirmar que hay una tendencia a la institucionalización de esta modalidad de participación de las personas privadas en la esfera internacional que permite establecer puntos de contacto, tanto con las sociedades civiles internas, como con la floreciente sociedad civil global.

Los Estados, como acabo de indicar, han comenzado a manifestar la necesidad de incorporar a las ONGI a sus trabajos. Y las OI lo han hecho en mayor medida. Ya el artículo 71 de la Carta de las Naciones Unidas establece: *"El Consejo Económico y Social podrá hacer arreglos adecuados para celebrar consultas con organizaciones no gubernamentales que se ocupen en asuntos de la competencia del Consejo. Podrán hacerse dichos arreglos con organizaciones in-*

*ternacionales y, si a ello hubiere lugar, con organizaciones nacionales, previa consulta con el respectivo Miembro de las Naciones Unidas"*. De manera similar, la OIT, la UNESCO, etc., en el plano mundial; la OEA, la UE, etc., en el regional.

La Resolución 1296 (XLIX) de 1968 del Consejo Económico y Social de la ONU distingue tres tipos de ONGI: clases I y II y las inscritas en la lista del Consejo. Las dos primeras (clases I y II) pueden delegar observadores en las sesiones públicas, tanto del Consejo, como de sus órganos subsidiarios, con derecho a voz, presentar propuestas por escrito y acceder a la documentación que se distribuya. Además, las de la clase I pueden proponer la inscripción de asuntos en el orden del día de las sesiones. Dichas facilidades, con exclusión de la última, pueden ser acordadas, con carácter excepcional, a las asociaciones inscritas en la lista del Consejo. Su principal influencia ha tenido lugar en el terreno humanitario y en el ámbito de los derechos humanos. Organismos como la UNESCO, la Organización de las Naciones Unidas para la Alimentación y la Agricultura y la Conferencia de las Naciones Unidas para el Comercio y el Desarrollo, etc. contemplan diversos regímenes con respecto a esta modalidad de cooperación OI-ONGI. En el caso de la UE, como corresponde a un espacio supranacional mucho más institucionalizado, ha tenido lugar un desarrollo más intenso de la misma, dirigida a facilitar los procesos de armonización legislativa, participar en el proceso de la construcción europea, ejercer presión ante diversos órganos comunitarios con respecto a diversos aspectos: medio ambiente, mercado interior, etc.

# LA CIUDADANÍA EUROPEA

Por último, merece una referencia la llamada ciudadanía europea propia de ese espacio supranacional de mayor institucionalización que es la Unión Europea. Hace tiempo que Europa, la joven hija de Agenor, rey de Tiro en Fenicia; aquella mujer legendaria y fabulosa, de tanta belleza que hizo que Zeus, metamorfoseado en toro, la raptase para llevarla, desde Asia a Creta, en donde la haría reina madre de los reyes de la dinastía de Minos...[38] dejó de ser un mito romántico para convertirse, en tanto que entidad histórico cultural y política en una idea de la modernidad[39] cuya concreción institucional contemporánea más relevante es el proceso de construcción de la Unión Europea. Un proceso que brinda una excelente oportunidad y un valioso estímulo para el ejercicio de la ciudadanía fuera del marco del Estado, en la medida en que constituye el espacio más institucionalizado de la sociedad internacional contemporánea.

La ciudadanía europea, como se recoge en el artículo I10 de la Constitución Europea, es una condición atribuida a los nacionales de los Estados miembros de la UE. Esta ciudadanía, a pesar de su carácter incipiente y limitado, constituye un hito esencial. Así: *"1.Toda persona que tenga la nacionalidad de un Estado miembro posee la ciudadanía de la Unión, que se añade a la ciudadanía nacional sin sustituirla. 2. Los ciudadanos de la Unión son titulares de los derechos y están sujetos a los deberes establecidos en la Consti-*

---

[38] Rougemont, D. Tres milenios de Europa. La conciencia europea a través de los textos. De Hesíodo a nuestros días, Revista de Occidente, Madrid, 1963.

[39] Truyol y Serra, A. La integración europea. Idea y realidad, Tecnos, Madrid, 1972.

*tución. Tienen el derecho: a) de circular y residir libremente en el territorio de los Estados miembros; b) de sufragio activo y pasivo en las elecciones al Parlamento Europeo y en las elecciones municipales del Estado miembro en el que residan, en las mismas condiciones que los nacionales de dicho Estado; c) de acogerse, en el territorio de un tercer país en el que no esté representado el Estado miembro del que sean nacionales, a la protección de las autoridades diplomáticas y consulares de cualquier Estado miembro en las mismas condiciones que los nacionales de dicho Estado; d) de formular peticiones al Parlamento Europeo, de recurrir al Defensor del Pueblo Europeo, así como de dirigirse a las instituciones y a los órganos consultivos de la Unión en una de las lenguas de la Constitución y de recibir una contestación en esa misma lengua. Estos derechos se ejercerán en las condiciones y dentro de los límites definidos por la Constitución y por las medidas adoptadas en aplicación de ésta".*

La Unión Europea, desde los primeros pasos de la Comunidad Europea del Carbón y del Acero (CECA), ha venido configurando —y en ello hemos cifrado los federalistas globales nuestras, ¿utópicas?, esperanzas— un original tubo de ensayo en el que se experimenta, en constante tensión hacia la democracia eco-ciudadana y el federalismo, la construcción de un nuevo espacio político inédito más allá del Estado. La vieja idea de Europa se ha convertido —y ésa es, sin duda, su gran aportación histórica— en un excelente pretexto para ensayar entre gentes supuestamente civilizadas formas innovadoras de cooperación y convivencia. Ensayo que, a la postre, y esto es lo que debería importar, sólo resultará válido si el propio proceso y, en su momento, el incierto resultado, acaba siendo compatible —lo que, a juzgar por los actuales acontecimientos, no parece muy probable— con el desarrollo humano de todos los habitantes del planeta: la idea de una Europa compatible como la que tenía *in mente* el historiador del federalismo europeo Bernard Voyenne[40] cuando la describió como *"el medio que brinda la oportunidad histórica de forzar el nacimiento de un nuevo mundo"*.

## La Europa compatible

A estas alturas la idea de Europa, a la que el rector Brugmans achacaba *"no ser ni lo suficiente utópica para inflamar la imaginación, ni lo bastante tangible como para convencer a los escépticos"*, muestra —tal vez por ello— alarmantes indicios de haber renunciado definitivamente a la parte más atractiva de tan innovador experimento. De la mano de las grandes fuerzas políticas que la gestionan desde las instancias de la democracia representativa al uso, abandonada por los *europeos de perfil*, la Europa posible que se construye parece decidida a excluir todo atisbo de progreso compartido a escala planetaria: la Europa compatible. Y es que, como era de esperar, en el nuevo espacio los partidos políticos sólo coinciden, y lo hacen a pie juntillas, en el ingente esfuerzo por articular del modo más ventajoso posible la defensa a toda costa de los intereses de los conciudadanos de los Estado nacionales que dicen representar.

---

[40] Voyenne, B., Histoire de l'idée fédéraliste (t.I: «Les sources»; t.II: *"Le Fédéralisme de P.J. Proudhon"*; t.III; *"Les Lignées proudhoniennes"*, París-Niza, Presses d'Europe, 1973-1981.

La ciudadanía europea tiene un simbolismo histórico inestimable al romper por primera vez el bloqueo o el cerco, que comporta la reducción al plano estrictamente estatal del derecho de participación política, a la que aludiremos más adelante. Sirva, pues, el debate actual en el seno de la UE, en torno al limitado concepto de ciudadanía de la Unión, como útil testimonio de un proceso de *lege ferenda* que advierte de la complejidad, la lentitud y la incertidumbre que conlleva dejar sólo en manos de los Estados y sus fieles servidores —los partidos políticos— la inspiración del proceso de organización internacional. Además, la configuración de los nuevos ámbitos socioterritoriales de referencia, *conditio sine qua non* para la generalización del proceso de institucionalización democrática, exigirá el desarrollo a fondo de un activo principio general de organización complementario: el federalismo. Y, más precisamente, el denominado federalismo global, ya que el gran reto desborda con creces la esfera de ordenación o ajuste territorial (dimensión jurídico-política propia del federalismo hamiltoniano) para dar entrada a sus dimensiones sociales, culturales, económicas, pedagógicas e, incluso, filosóficas.

## Capítulo 2
# PROCESO D+A Y LOS PRINCIPIOS ESTRUCTURALES DEL MPF

## EL PROCESO DE DESAGREGACIÓN-AGREGACIÓN (D+A)

En la base del MPF se encuentra el proceso de desagregación-agregación del quehacer participativo (proceso D+A). Se trata de un proceso *sui generis* en el que, además del principio inspirador de desagregación-agregación, interactúan un conjunto de principios concatenados: operacionales, motivadores, moduladores e instrumentales.

**PROCESO DE
DESAGREGACIÓN-AGREGACIÓN**

**PRINCIPIO INSPIRADOR**
Principio de desagregación-agregación

**PRINCIPIOS OPERACIONALES**
Principio de cooperación
Principio de complementariedad
Principio de publicidad
Principio de conectividad

**PRINCIPIOS MOTIVADORES**
Principio de afectación directa
Principio de ecociudadanía

**PRINCIPIOS MODULADORES**
Principio de aquiescencia pactada
Principio de cohabitación cooperativa
Principio de rol variable
Principio de liderazgo abierto
Principio de confidencialidad opcional

**PRINCIPIOS INSTRUMENTALES**
Principio de ecociveocio
Principio de ecociveturismo

Recurriré a una serie de supuestos prácticos que facilitarán su comprensión.

## La cancela del sabio

Hace muchos años vivía un famoso físico muy amigo de recibir visitas en su casa de campo. No era necesario anunciarse, ya que siempre se era bienvenido por el mero hecho de abrir con decisión la pesada cancela que franqueaba el acceso al frondoso jardín. Eso sí, asegurándose de dejarla bien cerrada, lo que resultaba imposible si previamente no se realizaba el esfuerzo de abrirla de par en par. Aunque este inconveniente no dejara de sorprender al visitante, nadie comentaba tan nimio asunto con el célebre anfitrión. Un día, sin embargo, una alumna que lo visitaba por primera vez, y que resultó ser más voluntariosa que avispada, se ofreció para echar un vistazo a la cancela y tratar de repararla. La respuesta del sabio no se hizo esperar: es usted muy amable, pero como estudiante de física debería haber considerado la posibilidad de que el exceso de recorrido de la cancela tenga alguna explicación lógica. Y, en efecto, la tiene, ya que, como debe ser *vox populi*, su movimiento proporciona la fuerza motriz que acciona el sistema mecánico que dispuse hace años para extraer del pozo el agua que uso para regar el jardín. Nuestro sagaz y práctico sabio, que de tan original suerte ofrecía a los sucesivos visitantes "oportunidades" de participar cooperativamente en el menester del riego, lograba así que cientos de esfuerzos, transformados en "impulsos" útiles, se agregasen para generar la "acción" pretendida de regar el jardín. Esta anécdota pone de relieve, en una primera aproximación, cuatro rasgos del proceso D+A, a saber: a) se trata de un proceso de dos tiempos: desagregación y agregación; b) utiliza un determinado útil o mecanismo de inducción y soporte: una noria articulada con la cancela del jardín; c) responde a una deliberada intencionalidad: extraer agua del pozo; y d) tiene naturaleza cooperativa.

Añadiré dos ejemplos más que por su carácter abierto y la potencial multiplicidad de intervinientes, añaden complejidad al proceso D+A.

## La cadena de envasado y el grupo ecologista

El principio de desagregación-agregación también opera en la cadena de envasado de una fábrica de refrescos y en la práctica cotidiana de una combativa asociación ecologista que llamaré *Guadiana Vivo.* ¿Cómo? Una cadena de envasado es un instrumento mecánico, integrado por un conjunto de mecanismos que, a lo largo del recorrido de una cinta transportadora, posibilita que se lleven a cabo automáticamente diversas tareas sucesivas, previamente programadas: limpieza, enjuague, suministro de componentes, taponado, etiquetado, etc. *Guadiana Vivo,* por su parte, al afrontar cualquiera de los problemas ambientales del río Guadiana, también realiza un conjunto de tareas que se llevan a cabo mediante un mecanismo instrumental, en este caso, de carácter asociativo-decisional y naturaleza jurídico-política: un colectivo o asociación de personas, regulado por unos estatutos sociales que determinan los fines, la estructura organizativa, el procedimiento de toma de decisiones, etc. Las tareas o acciones concretas propias de la actuación pública de este tipo de colectivos, con ser diversas y variadas, tienen en común la realización de una serie de pasos: observación, detección del problema ambiental, búsqueda de información, realización de estudios, identificación de responsables, formación de la voluntad de sus miembros, adopción de decisiones mediante votación, denuncia ante los medios de comunicación, tribunales de justicia, etc. Además, lo usual es que, identificadas y ordenadas las tareas o acciones que conforman la campaña, *Guadiana Vivo* proceda al encargo de su ejecución a algunos de sus miembros.

Ahora bien, en comparación con la cancela del sabio los supuestos de la cadena de envasado y del grupo ecologista incorporan la nota de heterogeneidad que hace más complejos sus procesos D+A. En efecto, las actividades propias de la cadena de envasado y el quehacer participativo de los ecologistas se componen de múltiples acciones, de naturaleza diversa, que quiebran la elemental homogeneidad propia de la idéntica y repetitiva tarea —sacar agua— acometida en el primer supuesto.

## El cajero automático y la ONG

Del primero sabemos que ha sido programado por una entidad bancaria para brindar al usuario un variado conjunto de operaciones bancarias: reintegros e ingresos de efectivo, recargas telefónicas, transferencias, ingresos, emisión de múltiples órdenes, etc., que pueden ser realizadas por quien disponga de determinados documentos de identificación magnética. Del segundo, que se trata de una ONG española —GUADIANA EDUCA— que opera en el tramo hispanoluso del río Guadiana y que: a) se rige por unos estatutos sociales inscritos en el registro de asociaciones; b) desarrolla un programa de educación ambiental para universitarios, basado en la organización permanente de aulas náuticas que incorporan ejercicios de observatorio de I+C, destinados a que los participantes se habitúen a desempeñar la función ciudadana de iniciativa y control (I+C). Todos conocemos cómo funciona el cajero, pero ¿cómo organiza la ONG *Guadiana Educa* sus ejercicios de observatorio de I+C? Muy sencillo: realizando una labor previa de programación similar a la que llevaron a cabo, tanto el grupo ecologista *Ojo con el Guadiana*, como el diseñador de la cadena de envasado de la fábrica de refrescos. Esto les permite disponer de una lista ordenada de tareas o de potenciales acciones sucesivas a emprender. Ahora bien, en vez de asignar la ejecución de todas estas tareas o acciones a sus propios socios, como suelen hacer este tipo de asociaciones, optan por fragmentar este quehacer participativo. Es decir, descomponerlo o desagregarlo en múltiples subtareas o subacciones que sus monitores proponen a los sucesivos integrantes de sus aulas náuticas a modo de *o-por-tu-ni-da-des-de-par-ti-ci-pa-ción*.

Analicemos el proceder de la ONG *Guadiana Educa* en tres aulas náuticas sucesivas que incorporan tres ejercicios de observatorio de I+C centrados en el debate en torno a la construcción de un puente entre España y Portugal. Una decisión controvertida, ya que las ventajas socioeconómicas de la conexión transfronteriza son inseparables del impacto ambiental de la obra en un espacio natural protegido.

En la primera, el monitor presentará el primer ejercicio de observatorio de I+C. Para ello expondrá el conjunto de problemas asociados a la obra y propondrá diversas actividades a realizar durante el recorrido fluvial: tomar fotografías, debatir sobre los posibles pros y contras de la construcción del puente y accesos, sugerir alternativas, etc. Es decir, el monitor brindará a los participantes un conjunto de "oportunidades de participación" en relación con un asunto de interés público, previamente preparadas.

En la segunda, el monitor informará a los nuevos participantes de lo realizado en el anterior ejercicio de observatorio de I+C y les propondrá llevar a cabo nuevas acciones como: completar el reportaje fotográfico, colaborar en el mantenimiento de una página electrónica para potenciar el debate, etc. Puede que, a su vez, los presentes sugieran otras acciones, e.g. traducir al español algunos textos enviados por las autoridades portuguesas; recabar más información sobre los insistentes rumores que apuntan al nexo entre el puente, sus accesos por la parte española y una operación urbanística especulativa apadrinada por las autoridades municipales en terrenos ribereños protegidos, etc. Probablemente esto avivará el debate y pondrá de manifiesto el desacuerdo entre los participantes, lo que no impedirá que todos coincidan en la necesidad de solicitar a las Administraciones española y portuguesa más información, al amparo de la legislación vigente.

En la tercera, el monitor aludirá a la divergencia producida y repartirá copias de los artículos publicados en defensa de las diversas posiciones. Puede que tenga que anunciar la falta de respuesta de las Administraciones y que algún participante proponga presentar una queja por ese motivo al Defensor del Pueblo Español y/o al *Provedor de Justiçia* de Portugal. Quizás los participantes en esta tercera edición del ejercicio de observatorio de I+C, aunque discrepen sobre el fondo del asunto, estén de acuerdo en que no debe pasarse por alto el incumplimiento de la normativa de acceso a la información ambiental y decidan firmar conjuntamente textos de quejas o denuncias. Y así, una y otra vez, a medida que continúen los ejercicios de observatorio de I+C en las aulas náuticas organizadas por *Guadiana Educa.*

Podemos concluir que este quehacer colectivo de observación, información, reflexión, debate y acción es el resultado del aprovechamiento por los sucesivos participantes en las aulas náuticas de las numerosas "oportunidades de participación" que los monitores les han brindado. En realidad, es como si *Guadiana Educa* hubiese puesto en marcha la cinta transportadora, asegurando en todo momento que ni falten "oportunidades de participación", ni que la periódica intervención de los grupos de participantes deje de aportar nuevos "impulsos", individuales y colectivos, susceptibles de agregarse para generar "acciones". Lo esencial es que, al abrirse y cerrarse la cancela, los cangilones recojan y viertan el agua, los envases vacíos se transformen en botellas de chispeante refresco..., esto es, que en los ejercicios de observatorio de I+C de las aulas náuticas opere ese proceso D+A inspirado por el principio de desagregación-agregación.

## Un proceso abierto de tres tiempos

Ahora bien, en el conjunto de dispositivos coordinados por el sofisticado programa informático del cajero automático y en la propia ONG *Guadiana Educa*, con sus ejercicios de observatorio de I+C, aparece un nuevo rasgo que se añade a la citada nota de heterogeneidad: el carácter abierto a un número de usuarios —potencialmente ilimitado—, que incrementa sensiblemente la complejidad del proceso D+A. Si convenimos que las "oportunidades de participación" cobran sentido en la medida en que aspiran a convertirse en "impulsos" capaces de agruparse en "acciones", podemos concluir que, en realidad, el proceso D+A opera en tres tiempos: fraccionamiento, conversión y agrupación. Fraccionamiento: el quehacer participativo se desagrega fraccionándose en oportunidades de participación fraccionada. Conversión: las oportunidades PF se convierten en impulsos de participación fraccionada. Agrupación: los impulsos PF se agrupan, complementándose, en acciones de participación fraccionada.

Veámoslo con algo más de detalle.

Primer tiempo: fraccionamiento del quehacer participativo en oportunidades PF: el fraccionamiento del quehacer participativo, como acabamos de ver en los ejercicios de observatorio de I+C de *Guadiana Educa,* constituye la actividad inicial o primer tiempo del proceso D+A y consiste en descomponer en "oportunidades de participación" (en adelante oportunidades PF) el potencial desarrollo de un determinado quehacer de interés público con miras a compartir su ejecución entre un número abierto de actores llamados a cooperar sucesivamente.

Segundo tiempo: conversión de oportunidades PF en impulsos PF: los participantes al aprovechar las sucesivas oportunidades PF las convierten en "impulsos de participación" (en adelante impulsos PF).

Tercer tiempo: agrupación complementaria de impulsos PF en acciones PF: los sucesivos impulsos PF se agrupan, complementándose, para generar acciones PF. Redactar y fundamentar una queja, aportar a la misma una información o un argumento relevante, localizar la dirección postal de la institución destinataria, imprimir, firmar, franquear y certificar el escrito, etc. son ejemplos de impulsos PF que se agregan complementariamente para generar una acción PF (en este caso, la presentación de una queja razonada ante la institución de un Defensor del Pueblo) generadora de nuevas oportunidades PF. Así, cuando alguien se encuentra ante tales oportunidades PF puede actuar a sabiendas de que su impulso PF constituye una decisión cooperativa —ya sea expresa o tácita— apta para agregarse a otros impulsos PF, en el seno de un proceso colectivo permanente de participación fraccionada, en pro de un interés público.

## EL PROCESO D+A

### FRACCIONAMIENTO
**El quehacer participativo se desagrega fraccionándose en**

OPORTUNIDADES DE PF

### CONVERSIÓN
**Las oportunidades PF se convierten en**

IMPULSOS DE PF

### AGRUPACIÓN
**Los impulsos PF se agrupan, complementándose, en**

ACCIONES DE PF

La agrupación direccional. Una variante de esta agrupación complementaria de impulsos PF, que constituye un rasgo peculiar del proceso D+A del MPF, es la posibilidad de agrupación direccional de impulsos PF y de acciones PF. Me explico: en el supuesto de los ejercicios de observatorio de I+C de *Guadiana Educa* hemos podido comprobar que pueden aparecen impulsos PF discrepantes e, incluso, antagónicos. ¿Será necesario que tales impulsos PF pasen por el tamiz democrático convencional? Es decir ¿deberán ser sometidos a votación para que el colectivo respalde conjuntamente sólo a aquellos que obtengan el apoyo mayoritario o, por el contrario, los participantes sólo tendrán que limitarse a aportar cuantos impulsos PF estimen convenientes, a sabiendas de que éstos se agruparán a otros impulsos PF complementarios (anteriores o posteriores, individuales o colectivos) para generar acciones PF? En efecto, en el seno del proceso D+A del MPF no se contempla la votación como modalidad de tamiz democrático ya que éste, por definición, no rechaza o descarta ningún impulso PF por minoritario, discrepante o antagónico que sea. Se limita a estimular su agrupación complementaria en acciones PF. En el MPF, y se trata de un rasgo diferenciador clave, todos los impulsos PF son aprovechables y, por tanto, potencialmente aptos para agruparse complementariamente y generar acciones PF susceptibles de abrir nuevas vías o direcciones en el proceso D+A del quehacer participativo. Llamaré, pues, impulsos PF direccionales a los impulsos PF que abren nuevas vías o direcciones en el proceso D+A, acciones PF direccionales a las acciones PF que éstos generan y oportunidades PF direccionales a las nuevas oportunidades PF que mantienen en funcionamiento el quehacer participativo.

Llegados a este punto ya sabemos que el proceso D+A: a) está basado en una voluntad cooperativa autónoma, tanto expresa como tácita; b) tiene componentes heterogéneos; c) está al alcance de un número indeterminado de destinatarios, potencialmente ilimitado; d) es interactivo; e) opera en tres tiempos: fraccionamiento, conversión y agrupación; f) su carácter público asegura su apertura y transparencia; y g) requiere la presencia de un determinado soporte *ad hoc* (el cajero automático o el ejercicio de observatorio de I+C, en el último supuesto).

## LOS PRINCIPIOS ESTRUCTURALES DEL MPF

Como se ha indicado, en el MPF, además del principio inspirador que está en la base de su funcionamiento, interactúan los principios operacionales, motivadores, moduladores e instrumentales.

### Principios operacionales

Cuatro: de cooperación, complementariedad, publicidad y conectividad. De **cooperación**, que apunta el inequívoco carácter cooperativo, sea expreso o tácito, del proceso D+A. De complementariedad, que asegura que los impulsos PF, al agruparse para producir acciones PF, lo hagan complementándose, posibilitando, así, el carácter unidireccional, discrepante e, incluso, antagónico de éstas. De **publicidad**, que garantiza la transparencia permanente del proceso D+A. En fin, de **conectividad**, que alude al imprescindible recurso a las tecnologías de la infocomunicación y a su accesibilidad.

## Principios motivadores

Dos: de afectación directa y ecociudadanía. El principio de **afectación directa**, o de incumbencia, opera cuando la motivación del quehacer participativo, con respecto a un determinado asunto o situación, deriva esencialmente de la previa consciencia de cierto grado de afectación directa o de incumbencia personal, constituyendo esta circunstancia un factor motivacional esencial del ejercicio del derecho de participación política. Por su parte, el principio de **ecociudadanía**, o de autoatribución de legitimidad participativa, es responsable de la incorporación de la dimensión planetaria de la ciudadanía y del conjunto de las funciones inherentes a su ejercicio. Su aportación es exponente de la deliberada intención del MPF de incorporar al utillaje político derivado del mismo las exigencias propias de la nueva democracia ecociudadana o mundial que está en el horizonte de esta iniciativa de ingeniería político-social.

Supongamos que se aproximan las elecciones al Parlamento Europeo. ¿Condiciona la nacionalidad el ejercicio del derecho de sufragio activo y pasivo de los residentes en la Unión Europea? ¿Se encontrarían todos los residentes en la U.E. en situación de igualdad jurídica ante ese concreto ejercicio del derecho de participación política? [41] Decididamente no. Y es que,

---

[41] Véase la iniciativa *Cede tu voto: Comparte ciudadanía, comparte democracia*, 2004. Propuesta de acción ecociudadana del autor consistente en compartir el derecho de sufragio activo en unas elecciones, dando simbólicamente voz... y voto a los inmigrantes no comunitarios (trabajadores, refugiados y familiares) residentes en la UE, en relación con la adopción de decisiones políticas que les afectan directamente. Disponible en *Cede tu voto*. ☞

como ha señalado Ferrajoli,[42] *"la ciudadanía, como presupuesto de los derechos, constituye el último privilegio personal, el último factor de discriminación y la última reliquia premoderna de las diferenciaciones por status y, como tal, se opone a la aclamada universalidad de los derechos fundamentales".*

El hecho de que la ciudadanía conlleve que sólo se puedan ejercer ciertos derechos a través de la pertenencia a una concreta comunidad política,[43] esto es, que sea una condición propia e inseparable del modelo Estado-nacional imperante y, por tanto, ajena al ámbito de la sociedad global en vías de construcción, me llevó a recurrir, por motivos eminentemente didácticos, al término ecociudadanía y a emplearlo con un significado distinto del que se le atribuye habitualmente. A saber —vuelvo a recordarlo— del griego *oixo* que significa casa, morada, ámbito vital... y ciudadanía, condición del nacional de un Estado, sujeto pleno de derechos y deberes, facultado para intervenir en su gobierno, la ecociudadanía bien podría expresar la condición de todo ser humano, titular de una parte alícuota de la soberanía mundial, legitimado para intervenir, con independencia de su adscripción nacional, en cualesquiera asuntos públicos en pro del desarrollo humano de todos los habitantes del planeta, mediante la satisfacción de sus necesidades, sin comprometer el de las futuras generaciones. En conse-

---

[42] Ferrajoli, L. Más allá de la Soberanía y la Ciudadanía: Un constitucionalismo global, en *Constitutionalism, democracy and sovereignity*, Bellamy, R. (Ed.), 1996.

[43] *"El propio universalismo de los derechos humanos —recuerda Ferrajoli— es puesto a prueba por la presión en nuestras fronteras de hordas de pueblos hambrientos, de modo tal que ser una persona ha dejado de constituir una condición suficiente para poseer ciertos derechos."* Ferrajoli, L.; *op. cit.*

cuencia, ecociudadano/a sería, pues, aquel ciudadano o aquella ciudadana, consciente de su pertenencia a la sociedad sostenible y de responsabilidad global, que decide autoatribuirse, en el ejercicio de su plena autonomía de voluntad, legitimación para intervenir en el gobierno de la *res pública* planetaria y actúa en consecuencia. Lo que, hoy por hoy, sólo se trata de una actitud cívica: la actitud ecociudadana, entendida como alternativa, responsable, solidaria y comprometida con la definición, formulación y defensa de los intereses comunes de los seres humanos. Sin lugar a dudas, una acto político legítimo de profundización democrática y de emancipación ciudadana, coherente con el hecho histórico de la globalización, asociado al derecho y al deber de participar directamente en los asuntos públicos que afectan a la comunidad internacional en su conjunto —*res pública* planetaria—. Una respuesta a la necesidad de que la sociedad civil afronte paulatinamente el gobierno, a escala planetaria, de los asuntos públicos mediante instrumentos de acción política adecuados.

**Principios moduladores**

Cinco: de aquiescencia pactada, de cohabitación cooperativa, de rol variable, de liderazgo abierto y de confidencialidad opcional.

Principio de **aquiescencia pactada**. El término aquiescencia, como es sabido, procede del latín *acquiescentia* y significa asenso, consentimiento. El aquiescente es quien con su inacción o silencio consiente, permite o autoriza. Jurídicamente hablando, da su aquiescencia quien pudiendo o debiendo hablar o actuar no lo hace. Alude a la inacción o silencio deliberado, definido previamente, en ejercicio consciente de la autonomía de voluntad, como opción política válida. Pero ¿Cómo opera? ¿Cómo modula el MPF? Se trata de poder reconducir la energía ciudadana potencial, inherente al derecho de participación política no ejercido, —absentismo político o inacción—hacia el amplio cauce que propicia el proceso D+A, convirtiéndola en energía ciudadana provechosa y aprovechable por el colectivo que lo pacta. Recurriendo a un símil físico cabría afirmar que el derecho de participación política genera una especie de energía ciudadana potencial susceptible de desaprovecharse. O, lo que es peor, de ser aprovechada torticeramente por quienes, de facto, atribuyen al silencio o a la inacción política una interpretación interesada ajena a su titular. ¿Es posible lograr que la inacción o el silencio de la ciudadanía, interpretado habitualmente como desidia, apatía, desgana, desmotivación o pasotismo, deje de nutrir la confusión y el creciente absentismo político para, modificada su naturaleza originaria, convertirse en una nueva y peculiar opción de participación política, merced al juego de una decisión voluntaria deliberada y previamente advertida? ¿Tendría utilidad social que el hecho de callar o de abstenerse de actuar, lejos de generar especulación o de significar simplemente apatía o desidia, asociada a un acontecimiento inerte, es decir, estéril o inútil, de despreocupación y abandono del desempeño de funciones y deberes cívicos, se transformase en gesto claro, provechoso y aprovechable por la ciudadanía? ¿Fijar con nitidez el verdadero sentido de estas conductas políticas, es más, dotarlas de un nuevo e incontrovertible significado no pondría coto a las variopintas interpretaciones partidistas al uso del fenómeno del abstencionismo político en general? ¿No abriría una nueva y ágil opción de participación política dado que, como veremos, el efecto más destacado del principio de aquiescencia pactada es su capacidad para transformar la inacción consciente y voluntaria en impulso PF?

Principio de **cohabitación cooperativa**. Está asociado a las nociones de tolerancia, pluralismo y eficacia. Alude a la capacidad del MPF para propiciar una nueva dimensión del proceso asociativo-decisional que permite dar cabida en un mismo marco instrumental a enfoques, planteamientos y actuaciones divergentes e, incluso, antagónicos. En el supuesto de los ejercicios de observatorio de I+C de *Guadiana Educa* opera el principio de cohabitación cooperativa cuando posibilita la formación de dos grupos de participantes con posiciones antagónicas con respecto a la construcción del puente. Y, también cuando todos, ya a favor o en contra de éste, se ponen de acuerdo (asociacionismo blando) para exigir a la Administración (participación a la carta) el cumplimiento de la normativa de acceso a la información ambiental que les respalda.

Principio de **rol variable**. Aporta a los intervinientes en un proceso D+A, la posibilidad de escoger libremente y en todo momento el papel o rol que deseen desempeñar en su seno.

Principio de **liderazgo abierto**. Permite extender esa libertad de elección de papel o rol al ejercicio del liderazgo de las propias propuestas o iniciativas y al derecho a actuar como portavoz del colectivo en representación de las mismas.

Principio de **confidencialidad opcional**. Dota de seguridad al quehacer participativo al contemplar diversas fórmulas de anonimia dirigidas a minimizar o eliminar por completo el mayor o menor riesgo personal, de diversa índole, que puede aparejar el ejercicio del derecho de participación política. Y no sólo en contextos políticos autoritarios, también en el seno de las democracias representativas al uso.

Cuáles son los principales efectos de los principios moduladores sobre el MPF? En síntesis, puedo avanzar que: a) tornan más simple, flexible, dinámico, participativo, autónomo, plural y eficiente cualquier proceso asociativo-decisional; b) proporcionan seguridad al quehacer participativo; c) potencian el carácter virtual, no exclusivo, del ejercicio asociativo-decisional, al facilitar el encuentro, el intercambio de opiniones y la adopción de acuerdos sin necesidad de convocatorias, reuniones y desplazamientos; d) proveen un mayor grado de protagonismo participativo; e) incorporan, a resultas de una aquiescencia previamente pactada, el concepto de inacción deliberada y el mecanismo para que, en la práctica, la abstención o el silencio operen en beneficio colectivo; f) abren el paso a la asunción de cualquier rol o papel; g) hacen innecesarios o superfluos los liderazgos políticos habituales, basados en la asunción, permanente o rotativa, por uno o escasos dirigentes de la iniciativa, la dirección y la representación exclusiva del colectivo; y h) posibilitan que los procesos de índole asociativo-decisional, basados en el MPF, no requieran estatutos reguladores, ni órganos convencionales (asamblea, junta directiva, etc.).

**Principios instrumentales**

Dos: de **ecociveocio** y **ecociveturismo**. Posibilitan que el MPF asocie, tanto la instrucción y la autoinstrucción cívicas, como el ejercicio del derecho de participación, al creciente fenómeno del ocio y, especialmente, al de la movilidad asociada al turismo, generando, respectivamente, el ecociveocio y el ecociveturismo. Pero antes de desarrollar tales conceptos regresemos al Guadiana y reflexionemos al hilo de un nuevo supuesto que completará la explicación del MPF.

## LA INICIATIVA COOPERA, OBSERVA, EMPRENDE

Supongamos que los miembros de la ONG *Guadiana Educa,* dada la tensión política que sus ejercicios de observatorio de I+C generan en la zona, llegan a la conclusión de que es mejor dejar de organizarlos. De hecho, en su última asamblea general han decidido por mayoría seguir organizando aulas náuticas, pero sin los conflictivos ejercicios de observatorio de I+C. ¿Qué ha sucedido? Algo desgraciadamente muy frecuente: el inevitable paso de la ONG *Guadiana Educa* por el *trance de moderación, abdicación e integración institucional* que merma fuerza y compromiso a las organizaciones de la sociedad civil. Y es que las instituciones públicas patrocinadoras de las aulas náuticas, molestas por las actividades de observación y denuncia de los ejercicios de observatorio de I+C, han amenazado con retirar su apoyo económico. ¿Qué hacer, pues, ante esa realidad que coarta la autonomía, la eficacia y, en definitiva, frustra el objeto social de la ONG de nuestro ejemplo? ¿El MPF aporta alguna solución a estas situaciones tan frecuentes?

## Un colectivo *sui géneris*: COOPERA

Imaginemos un nuevo colectivo promovido por veinte jóvenes, disidentes de la ONG *Guadiana Educa* que tras colaborar con el Proyecto INTER/SUR en el proceso de diseño del MPF, desean aplicar sus principios en la práctica. En efecto, todos han intervenido, en más de una ocasión, en algunas de las actividades piloto organizadas por la Iniciativa Universidad del Atlántico [44] (*Cursos Universitarios de Verano de Doñana, Aula Náutica Guadiana Vivo, Cursos/ Observatorios Itinerantes de Verano del Guadiana Atlántico*). Algunos de ellos navegaron desde Lisboa a Marruecos en las *Travesías Náuticas/Debates en la Mar*, participaron en la primera y segunda *Caravana para la Ecociudadanía* en Marruecos, en los *Encuentros Alandalus 3.0* en Tánger, debatieron en los *Encuentros de Trabajo* celebrados en Chaouen, Asilah, Essaouira o

---

[44] La importancia que el Proyecto INTER/SUR atribuyó desde el primer momento a la institución universitaria (entiéndase universidades públicas, constitucionalmente investidas del principio de autonomía universitaria) como instrumento de apoyo a la sociedad civil en el quehacer que nos ocupa, aconsejó crear un soporte *ad hoc* denominado *iniciativa Universidad del Atlántico* (iUA). La iUA no fue concebida como una universidad convencional, sino como una fórmula experimental —la *fórmula iUA*— sin personalidad jurídica, que combinaba: un marco colectivo, o soporte abierto, para la investigación científica y la organización experimental de las actividades asociadas a la *Iniciativa INTER/SUR* y una marca identificable, susceptible de poder ser utilizada y compartida por la sociedad civil. La iUA ha constituido hasta 2004 el sustituto virtual y material de una universidad real en el desempeño de cuantas tareas requerían el componente universitario. La denominación *"Universidad del Atlántico"* llegó a inscribirse en el Registro Oficial de Marcas (Ministerio de Industria, Boletín de la Propiedad Industrial, 1/09/01, M2394348). La nueva vía abierta de experimentación de la participación fraccionada, mediante la activación de plataformas para la autoformación y la acción ecociudadanas, iniciadas en 2009 con la PAUTA/e UHU 3.0 en la Universidad de Huelva, tras la llegada de su primer rector inteligente y verdaderamente demócrata, dejó de hacerla necesaria.

115

Marrakech o intervinieron en el *Primer Taller plataforma Itinerante para la Ecociudadanía* en la Amazonía ecuatoriana, colaborando en el diseño del proyectado *Centro Amazónico para la Ecociudadanía* promovido cerca de Sucua (Macas, Ecuador), para la experimentación del MPF y de sus herramientas en el ámbito de la cooperación ecociudadana al desarrollo). Lo denominan COOPERA (acrónimo de *Cooperación Ecociudadana "Río Arriba"*) y es una peculiar asociación sin ánimo de lucro, cuya inscripción registral ha sido denegada. Y es que COOPERA, en vez de regularse por unos estatutos convencionales, pretende hacerlo por un procedimiento asociativo-decisional inédito (procedimiento PF o de aquiescencia) que permita ejercer de modo innovador el derecho constitucional de asociación política.

**Algunas actividades de ecociveturismo de INTERSUR.**

## Un procedimiento asociativo-decisional inédito

La idea del procedimiento asociativo-decisional como alternativa a los habituales estatutos sociales surgió en el verano de 1996 con ocasión de una reunión que Ramón Soriano, José Manuel Cantó y el autor mantuvimos en el *"Isla de Corisco"* fondeado en la Ría del Piedras, en las proximidades de El Rompido (Huelva). Ante la propuesta del primero de constituir un grupo o colectivo de opinión y crítica política sugerí un 'procedimiento' *sui generis* como mecanismo mucho más simple y flexible que los estatutos sociales convencionales. El debate generado por esta sugestión y la posterior reflexión en torno al principio de aquiescencia pactada, me permitió perfilar los rasgos y potencialidades del mismo. A partir de esa idea inicial el Prof. Soriano lo aplicó a su propuesta de *"colectivos de opinión a distancia"* y yo al MPF bajo la denominación de procedimiento asociativo-decisional de aquiescencia pactada o procedimiento PF.

Un procedimiento PF aplicado a la regulación de un colectivo —en este caso COOPERA— tendría las siguientes características básicas.

### COOPERA Y SU PROCEDIMIENTO PF

**DENOMINACIÓN. Colectivo para la Cooperación Eco-ciudadana "Río Arriba" (COOPERA).**

**OBJETIVO GENERAL: la promoción de procesos de autoformación y acción ecociudadanas (AAE).**

**OBJETIVO ESPECÍFICO: la defensa del Bajo/Baixo Guadiana.**

**REGULACIÓN. Por el presente procedimiento PF o de aquiescencia.**

**MIEMBROS. A) Fundadores: los veinte firmantes iniciales de la Declaración individual de participación en**

el Colectivo **COOPERA** y de aceptación del presente procedimiento asociativo-decisional o procedimiento de aquiescencia. B) Ordinarios: quienes, a propuesta de dos miembros, sean admitidos y firmen electrónicamente dicha declaración. Se causará baja mediante simple comunicación.

ÓRGANOS: Portal *web* —*www.coopera.ipf* o, si acabase por imponerse el inglés, *www.coopera.fpi*, de *fractional participation instance*— dotado de la oportuna aplicación de *software* para el funcionamiento de este procedimiento —*app de aquiescencia*—.

FUNCIONAMIENTO

Primero: cada miembro de COOPERA, individual o con otros miembros —proponente—, que desee hacer una propuesta deberá formularla y enviarla, junto con la documentación pertinente, siguiendo el procedimiento informático formalizado contenido en el portal *web* a fin de que se registre, se archive y se distribuya a todos los participantes.

Segundo: los miembros de COOPERA dispondrán de un mínimo de diez días naturales —o de más tiempo, si así lo indica el proponente— para comunicar su posición, que podrá ser: positiva (posición activa positiva), condicionada (posición activa condicionada), negativa (posición activa negativa) y de abstención (posición activa de abstención).

Tercero: se sobreentiende que quienes no respondan en plazo al proponente expresando una posición activa, dan su aquiescencia a la propuesta y su inacción será computada como voto positivo —posición aquiescente—.

Cuarto: transcurrido el plazo mínimo o, en su caso, el indicado en la propuesta, el proponente, si cuenta con el respaldo de los miembros del colectivo, podrá ejecutarla en los términos contemplados en la misma, actuando como representante y portavoz de COOPERA.

Quinto: se entenderá que una propuesta cuenta con el respaldo de COOPERA cuando obtenga el respaldo (posiciones activas positivas + posiciones aquiescentes) de la mayoría simple de los miembros.

Sexto: a efectos de recuento, se considerará que el número de miembros es el que indique el sistema informático en la fecha y hora en que haya tenido lugar la remisión de la propuesta.

Séptimo: el proponente, al actuar como portavoz del Colectivo COOPERA, tiene la inexcusable obligación de mencionar el número de posiciones activas negativas o de abstención que le hayan sido comunicadas en plazo, identificando con nombres y apellidos sólo a aquellos remitentes que lo soliciten expresamente.

FINANCIACIÓN. COOPERA carece de recursos económicos. Son sus miembros, cuando actúan como proponentes, quienes resolverán, o incluirán para que lo resuelva el colectivo, todo lo relativo a la financiación de su propuesta, como si se tratase de un elemento más de la misma.

**REPRESENTACIÓN Y PORTAVOCÍA.** El proponente que, en el cumplimiento de este procedimiento PF, llegue a estar facultado para actuar como portavoz del colectivo en representación de su propuesta, utilizará siempre la siguiente fórmula de encabezamiento de sus escritos o intervenciones públicas: *D/D$^a$..., con DNI... en nombre propio, como portavoz del Colectivo COOPERA y promotor de la...*

**MODIFICACIÓN.** Este procedimiento PF podrá ser modificado mediante enmiendas que se incorporarán siguiendo estas mismas reglas.

**ANEXO 1.** Declaración individual de participación en el Colectivo **COOPERA** y de aceptación de su procedimiento PF. *D./Da..., con DNI... y dirección electrónica ... expresa su voluntad de formar parte de COOPERA y declara que acepta expresamente el presente procedimiento PF.*

## La iniciativa OBSERVA

Un miembro de COOPERA —Teresa (M1)— actúa como proponente y decide formular su "propuesta" —*impulso PF de liderazgo*— de activar OBSERVA (*Observatorio Ecociudadano Permanente del Parque Natural del Bajo/Baixo Guadiana*). Siguiendo el procedimiento de COOPERA informa a los restantes 19 miembros, aguarda el plazo previsto de para la recepción de sus respuestas y, finalizado éste, comprueba que el cómputo ha sido el siguiente (ver cuadro *infra*): 18 miembros mantuvieron una "posición activa" respondiendo a su propuesta y uno (M3) no contestó ("posición aquiescente"). De las 18 "posiciones activas", cinco apoyaron la propuesta original ("posiciones activas positivas"), cuatro condicionaron su apoyo a la aceptación de determinadas modificaciones ("posiciones activas condicionadas"), ocho se opusieron ("posiciones activas negativas") y uno (M12) comunicó su abstención ("posición activa de abstención").

Así las cosas, Teresa decide aceptar los cambios sugeridos y logra el respaldo definitivo de los 4 miembros que condicionaron su respaldo. Por tanto, su iniciativa OBSERVA obtiene el apoyo mínimo exigido por el procedimiento: 10 "posiciones activas" favorables y 1 "posición aquiescente", frente a 8 "posiciones activas negativas" y 1 "posición activa de abstención". Una vez aplicado correctamente —con la ayuda de la *app* de aquiescencia— el procedimiento PF de COOPERA, Teresa tiene vía libre para actuar como líder y portavoz del colectivo y, en consecuencia, desarrollar su iniciativa.

Uno de los elementos que Teresa ha debido incorporar a su propuesta inicial ha sido la publicación de una página electrónica, dotada de una base de datos, para archivar todo lo relativo al funcionamiento de OBSERVA: *www.observa.fpw*.[45] Así podrán tener acceso a su desarrollo y aprovechar sus oportunidades PF, tanto los sucesivos participantes en los ejercicios de observatorio de I+C, como cualesquiera otras personas o colectivos interesados en el Parque Natural del Bajo/Baixo Guadiana. Figura legal aún inexistente que constituye una reivindicación de los principales colectivos ecologistas hispanolusos.

---

[45] La terminación *"fpw"* corresponde al acrónimo, en lengua inglesa, de observatorio de participación fraccionada (fractional participation watch), hoy inexistente, pero puede que habitual algún día.

| MIEMBROS | POSICIONES ACTIVAS | | | |
|---|---|---|---|---|
| | Positiva | Aquiescencia | Negativa | Abstención |
| M1 | X | | | |
| M2 | X | | | |
| M3 | | X | | |
| M4 | X | | | |
| M5 | X | | | |
| M6 | X | | | |
| M7 | X | | | |
| M8 | X | | | |
| M9 | X | | | |
| M10 | X | | | |
| M11 | X | | | |
| M12 | | | | X |
| M13 | | | X | |
| M14 | | | X | |
| M15 | | | X | |
| M16 | | | X | |
| M17 | | | X | |
| M18 | | | X | |
| M19 | | | X | |
| M20 | | | X | |
| Totales | 10 | 1 | 8 | 1 |

A modo de balance provisional —ver el esquema anterior— diremos que la utilización por COOPERA del procedimiento PF ha posibilitado: a) que la inacción de M3 se transforme en acción provechosa, ya que con su aquiescencia (principio de aquiescencia pactada) contribuyó a que saliese adelante la propuesta de Teresa; b) que los veinte miembros del colectivo elijan libremente su papel en un momento dado (principio de rol variable); c) que se haya podido mejorar la propuesta inicial con las aportaciones de otros miembros; d) que Teresa pueda actuar como portavoz del colectivo asumiendo el liderazgo de su propia iniciativa (principio de liderazgo abierto); e) que se facilite el quehacer asociativo-decisional al recurrir a las modernas tecnologías de la infocomunicación (principio de conectividad); y f) que, merced al principio de cohabitación cooperativa, se propicie, aunque tímidamente todavía, esa nueva dimensión del proceso asociativo-decisional que denomino asociacionismo blando y participación a la carta. En suma, un colectivo, potencialmente policéfalo, cuyos miembros pueden desarrollar, sin necesidad de reuniones y con escasas formalidades, diversas iniciativas mutuamente acordadas; son libres de elegir los papeles que deseen desempeñar —incluido el de líder y portavoz—; y en el que la inactividad o el silencio es susceptible de transformarse en acción provechosa.

## La iniciativa EMPRENDE

Pablo (M2), que es economista, ha elaborado una propuesta complementaria para resolver la cuestión financiera y, al mismo tiempo, generar una opción de autoempleo para varias personas. Su plan es constituir una pequeña y sencilla ecoempresa cooperativa denominada EMPRENDE (acrónimo de Emprendimiento de Desarrollo Ecoturístico). Para ello, como ya hiciera Teresa, activa el procedimiento de COOPERA y obtiene el respaldo necesario. Su idea consiste en combinar el turismo con la autoformación y la acción ecociudadanas de manera que el primero financie las segundas. EMPRENDE, pues, se dispone a comercializar, con criterio ecoempresarial, atractivas actividades de tiempo libre (los *Fines de Semana en el Guadiana*) estrechamente asociadas a OBSERVA y a sus ejercicios de observatorio de I+C. En realidad, la iniciativa de Pablo para autofinanciar OBSERVA introduce un elemento clave al asociar la AAE al binomio ecociveocioecociveturismo.

## CIVEOCIO

(*Cive*, del latín *civicus,* de *civis*
relativo al ciudadano y ocio, del latín
*otium*). Modalidad genérica de
ocupación del tiempo libre orientada
adrede a implementar, en mayor o
menor grado, la instrucción y el
ejercicio del civismo

## CIVETURISMO

Variante del civeocio en el ámbito
específico de la actividad turística.

## ECOCIVEOCIO

(*Eco,* del griego *oixo* —casa, morada,
ámbito vital— para resaltar el ámbito
planetario común de los seres
humanos; *cive*, del latín *civicus,* de
*civis* relativo al ciudadano y ocio del
latín *otium*). Modalidad de civeocio
que çincorpora la dimensión global o
ecociudadana.

## ECOCIVETURISMO

Modalidad de civeturismo que integra la
dimensión global o ecociudadana.

## EL MPF Y EL BINOMIO ECOCIVEOCIO-ECOCIVETURISMO

De todas las características del binomio ecociveocioecociveturismo destacaré tres que resultan esenciales para el funcionamiento del MPF: el innato atractivo, la autofinanciación y el desplazamiento espacial. En efecto, al tratarse de opciones de disfrute que las personas sufragan con sus propios medios, no sólo se asegura su atractivo (efecto colección autoexpansivo), sino la voluntaria autofinanciación de las actividades asociadas de instrucción y ejercicio del

125

derecho de participación política. Dos elementos, ¡qué duda cabe!, que proporcionan una fórmula ideal para resolver dos interrogantes clave: ¿cómo incorporar de manera natural la dimensión cívica en los seres humanos? y ¿cómo dotar al MPF de las condiciones de autonomía y pluralismo que exige el aprendizaje y el ejercicio de la participación política? Por su parte, el desplazamiento espacial, derivado de la movilidad propia del fenómeno turístico, es esencial para afrontar la dispersión, el enfoque intercultural y la multiubicuidad de los asuntos públicos objeto de interés eco-ciudadano.

El ocio se relaciona generalmente con las grandes etapas del humanismo, como la Antigua Grecia, el Bajo Imperio Romano, el Renacimiento, el Siglo de las Luces…, hasta el punto que, desde Aristóteles hasta San Agustín y Santo Tomás de Aquino [46] el cultivo del espíritu, gracias a la contemplación y a la reflexión, constituye la actividad suprema del hombre noble. Se trata, sin embargo, de la "ocupación" de un limitado número de privilegiados.

Como es sabido, la sociología del ocio surgió en el occidente industrializado a mitad del siglo XX, precedida por diversos estudios empíricos realizados en Estados Unidos, a mediados de los años veinte, en torno al binomio trabajoocio.[47] Tras la II Guerra Mun-

---

[46] Un Santo Tomás, crítico con las costumbres depravadas del bajo Imperio Romano, consciente de un ocio ambivalente, que diferenciaba entre el "ocio ocioso", que era fuente de males y desgracias, y un "ocio contemplativo", fuente de superación y elevación.

[47] En particular Lynd, R. y H. (*Middletown*, Hartcourt Brace&Co., New York, 1929); Mayo, Elton (*The human problems of an industrial civilization*, Harvard University Press, Cambridge, Mass., 1946); Warner L. y Lunt P.S. (*The social life of modern community*, Yankee City Series, Vol. I, Yale University Press, New Heaven, 1941); Lundberg, Ko-

dial, diversos autores [48] abordaron el tema del tiempo libre desde varios ángulos poniendo de relieve, no sin decepción, lo que significaba realmente el ocio para una sociedad consumista en la que la realización personal tenía lugar esencialmente a través del trabajo. Así, el modelo de ocio elitista, adecuado a la sociedad norteamericana de la época, en el que pensó inicialmente De Grazia, *"un estado de desapego propio del hombre que busca la cultura del espíritu y la reflexión (que) es sólo patrimonio de unos pocos individuos"* se percibe generalizadamente como un privilegio incompatible con el ideal igualitario y la defensa del trabajo para todos en una sociedad en la que no debería haber personas voluntariamente desocupadas. Arraigada ideología del tiempo libre en la que el ocio se justifica por la necesidad de descansar y de recuperarse de las tensiones laborales para volver a trabajar a pleno rendimiento. Sin duda, una concepción muy alejada de la *"búsqueda de la emoción en el ocio"* que propusiera Norbert Elias.

Ya en los años setenta, los estudiosos del binomio trabajoocio perciben la falacia del incremento del tiempo libre (la jornada laboral se reducía, pero hacía falta más tiempo para desplazarse; el paro se transformaba en ocio forzoso y frustrante...) o resaltan, como Andre Gorz, que las *sociedades industrializadas producen cantidades crecientes de riquezas con cantidades decrecientes de trabajo, pero no han*

---

marowsky y MacIllinecy (*Leisure: A suburban study*, Columbia University Press, New York, 1934); Sorokin, P. (*Time-budgets on Human Behavior*, Harvard University Press, Cambridge, 1938).

[48] En particular, Riesman. Véase (*The Lonely Crowd*, Yale University Press, New Haven y Londres, 1953); Mead, M., Loewestein, M.; Havigurst, R. (*"Leisure and Life Style"*, en American Journal of Sociology, vol. 4, núm. 64, 1959).

*producido una cultura del trabajo que desarrollando 'plenamente' las capacidades individuales, permita a los individuos desarrollarse 'libremente', durante su tiempo disponible, mediante la cooperación voluntaria, las actividades científicas, artísticas, educativas, políticas, etc. ".*[49]

El ocio en las sociedades avanzadas está íntimamente asociado al consumo de bienes y servicios —sociedad de consumo de masas— y el turismo es un servicio clave del moderno mercado del ocio. Hasta el punto que, como se ha podido afirmar en el caso español —y no es el único— el turismo ha sido el gran motor transformador de la cultura y de la economía.

Los movimientos de forasteros en Grecia y Roma, las peregrinaciones religiosas a Santiago de Compostela o a Tierra Santa en la Edad Media, el *Grand Tour* de la aristocracia de los siglos XVII y XVIII o los *Baños de Oleaje* de las playas de Santander, no son sino algunos de los precedentes del moderno 'turista' —que la Organización Mundial del Turismo (OMT) define oficialmente como *"todo aquel que permanece al menos 24 horas en su punto de destino por dos motivos principales: ocio (recreación, vacaciones, salud, estudios, religión y deporte) o negocios"*— y de la mayor industria del mundo: el turismo de masas (*"horda dorada"*, *"nómadas de la opulencia"*, el *"mayor movimiento pacífico de gente"*, la *"hospitalidad mercantilizada"*, una *"forma de neocolonialismo"*, un *"proceso de aculturación"*).

---

[49] Citado por Díaz, J.A.; Frutos A. *"La Dimensión Socio-estructural del Turismo"* en Sociología del Turismo, Rubio Gil A. (coord.), p. 26, Ariel, Barcelona, 2003.

Dadas las características innatas del fenómeno del ocio y, en particular, de la movilidad asociada al turismo, su aprovechamiento para promover procesos de instrucción y de autoinstrucción cívicas y de ejercicio, individual y colectivo, del derecho de participación política constituye un elemento esencial del MPF. No es mi intención adentrarme en la sociología del turismo. Mi objetivo se limita a explicar y a fundamentar este aspecto esencial del MPF que es su asociación con el fenómeno del ocio y de la movilidad asociada al turismo. A los efectos de este trabajo basta, por ahora, con resaltar determinados aspectos y potencialidades del fenómeno turístico que pueden tener gran interés instrumental en el diseño e implementación de la AAE, mediante la herramienta piloto —la IPF— de la técnica de participación fraccionada. Principalmente: la potencial *contribución del turismo al entendimiento y el respeto mutuos entre hombres y sociedades*; [50] como *instrumento de desarrollo personal y colectivo*; como *factor de desarrollo sostenible;*[51] como *factor de*

---

[50] Código Ético Mundial para el Turismo (CEMT), art. 1. El CEMT es un amplio conjunto de principios cuyo propósito es orientar a los agentes interesados en el desarrollo del turismo: los gobiernos centrales y locales, las comunidades autóctonas, el sector turístico y sus profesionales y los visitantes, tanto internacionales como nacionales. El reconocimiento oficial de la Asamblea General de la ONU del CEMT tuvo lugar el 21.12.01, en virtud de su resolución A/RES/56/212. Aunque no es un documento jurídicamente vinculante, su décimo artículo establece un mecanismo de aplicación, de carácter voluntario, mediante el reconocimiento del papel del Comité Mundial de Ética del Turismo al que los interesados pueden trasladar, con carácter voluntario, cualquier litigio con respecto a su aplicación e interpretación. >⊷

[51] Como *es sabido*, el concepto de turismo sostenible se relaciona con el de capacidad de carga. Éste se define como el máximo aprovechamiento que se puede realizar de los recursos económicos, sociales, culturales y naturales de la zona de destino sin reducir la satisfacción de los visitantes y sin generar impactos negativos en la sociedad anfitriona o en el medio ambiente. En este sentido se alude al concepto de turismo responsable como movimiento: a) que busca establecer

*aprovechamiento y enriquecimiento del patrimonio cultural de la humanidad*; como actividad potencialmente *beneficiosa para los países y las comunidades de destino*; su condición de sector económico con mayor potencial de crecimiento y de creación de nuevos empleos, en particular para los jóvenes y las mujeres;[52] como agente de cambio social; en fin, como recurso de enseñanzaaprendizaje y como factor de interconexión —eventualmente de solidaridad efectiva— entre seres humanos diversos y dispersos.

Sin embargo, el turismo, y más precisamente la movilidad asociada al mismo, con ser esencial para el funcionamiento práctico del MPF, no es el único aspecto del ocio que contemplamos. El incipiente fenómeno de la utilización del tiempo libre para el uso —y abuso— de los innumerables instrumentos y recursos de la moderna infocomunicación es, sin duda, un aspecto esencial llamado a complementar la dimensión, eminentemente, itinerante y presencial (no virtual) del turismo. No se nos oculta que este carácter eminentemente móvil y presencial del turismo actual puede ser sustituido, y cada vez más y mejor, por modalidades de itinerancia virtual que, a los efectos del MPF, proporcionen idéntica eficacia.

---

modelos de desarrollo turístico sostenibles y específicos para cada zona de destino, b) que denuncia los impactos negativos que el turismo conlleva o puede conllevar en las sociedades anfitrionas, así como la imagen distorsionada que los visitantes pueden hacerse de la realidad que han ido a conocer; c) que valora y reclama la responsabilidad de turistas, turoperadores, anfitriones e instituciones públicas a la hora de favorecer modelos turísticos sostenibles.

[52] Se estima, además, que el crecimiento económico y el desarrollo de mercados como Brasil, China, India y Rusia, crearán una importante demanda adicional. Además, es un sector integrado por múltiples actividades con características de producción diferenciadas, que incorporan gran intensidad de trabajo susceptible de dar empleo a personas con perfiles profesionales muy diferenciados.

## Una cuestión terminológica

¿Turismo cívico? ¿Civeocio? ¿Civeturismo? ¿Ecociveocio? ¿Ecociveturismo? Se emplean, aunque no usualmente, las expresiones "ocio cívico" y "turismo cívico". ¿Qué significan? ¿Valdrían para expresar la concepción del ocio y de la movilidad asociada al turismo que interesa al ejercicio de la participación fraccionada? ¿No resultarían muy limitadas? Véase, por ejemplo, el texto del Parlamento Europeo mediante el que *"solicita a la Comisión que, sus programas a partir de 2006, se centren más en las acciones educativas de intercambio, aprendizaje y voluntariado para la sensibilización de los jóvenes respecto a las culturas y los patrimonios locales de las zonas de vacaciones y de estancia, con el fin de fomentar un turismo cívico, respetuoso de las poblaciones y los entornos locales"*.[53] O la pretensión del grupo municipal del Partido Popular en el Ayuntamiento de Barcelona cuando reclama un *turismo cívico* y de calidad para la Ciudad Condal: *"Desde el grupo municipal del Partido Popular se ha pedido al Ayuntamiento de Barcelona que se potencie la oferta para atraer un turismo de calidad y mucho más cívico que el que ahora tiene como objetivo la Ciudad Condal"*.

Por ello, pienso que está justificado recurrir, respectivamente, a los términos civeocio y civeturismo si lo que se desea designar es aquella modalidad genérica de ocupación del tiempo libre orientada adrede a implementar, en mayor o menor grado, tan-

---

[53] Resolución del Parlamento Europeo sobre las nuevas perspectivas y los nuevos retos para un turismo europeo sostenible (2004/2229 INI) de 8 de septiembre de 2005.

to la instrucción, como el ejercicio del civismo y su variante en el ámbito específico de la actividad turística. Por su parte, como he venido indicando, propongo los términos ecociveocio y ecociveturismo para denominar dichas formas de abordar el tiempo libre que incorporan la dimensión global o ecociudadana.

# CONCLUSIONES

Como acabamos de ver, el MPF es el resultado de la concatenación interactiva de un conjunto de principios que operan en el seno de un proceso que constituye su eje o columna vertebral: el proceso D+A. Un proceso *sui géneris* que opera en tres tiempos: fraccionamiento, conversión y agrupación. De este modo, cuando un potencial actor de la participación fraccionada, se encuentre ante una oportunidad PF, podrá actuar a sabiendas de que su aprovechamiento —impulso PF—, aunque constituya *per se* un acto político individual, nutrirá un proceso agregativo o cooperativo de largo alcance. De ahí que, pese a ser cierto que la participación fraccionada posibilita, potenciándolo adrede, el ejercicio individual de la acción política, no quepa concluir que fomente el individualismo. Es más, aunque las acciones PF constituyan por naturaleza actos políticos singulares, en su origen puede haber impulsos PF colectivos. Sería el supuesto de aquellos impulsos PF aportados por colectivos ciudadanos que recurran al MPF. En cualquier caso, sean individuales o colectivos, singulares o plurales, respondan a intereses particulares o generales, espontáneos o deliberados, los impulsos PF y las acciones PF nunca serán esfuerzos aislados, dado el carácter sucesivo, interrelacionado, cooperativo y, en suma, democrático y plural del proceso D+A.

Su concepción, plasmada en el prototipo de herramienta que propongo —la instancia de participación fraccionada o IPF— satisface el siguiente decálogo-reto que me propuse al afrontar esta tarea de ingeniería político-social.

## EL DECÁLOGO RETO DE LA PF

### Inducir procesos autoinstructivos eficientes.
Las nuevas herramientas políticas que inspira —y esto es esencial— posibilitan un incremento exponencial generalizado de la cultura política. Es decir, coadyuvarán a generar con rapidez notable hábitos cívicos de intervención en los asuntos públicos posibilitando, a gran escala, la adquisición por parte de la ciudadanía —de toda la ciudadanía— de competencias para la reflexión y la acción política.

### Desbordar el ámbito estatal de actuación política.
Si la ecociudadanía es la ciudadanía a ejercer en una sociedad sostenible y de responsabilidad global es imprescindible su capacidad para extender la actuación política más allá del plano Estadonacional.

### Autogenerar condiciones de autonomía y pluralismo.
Del mismo modo que un proceso químico requiere condiciones de luz, temperatura, etc., el quehacer político y, por supuesto, los procesos de enseñanzaaprendizaje de lo político, tienen sus propias exigencias. De ahí que autogeneren el antídoto de la dependencia política —la autonomía— y provean un requisito clave en el nuevo contexto planetario diverso e intercultural —el pluralismo—.

### Precisar escasa o nula necesidad de institucionalización.
Requerir un grado mínimo o nulo de institucionalización o reconocimiento formal es consustancial, tanto con su origen espontáneo, intencionalidad coyuntural o circunstancial, funcionalidad

temporal limitada o efímera; como con su carácter virtual e interactivo, apto para desencadenar procesos permanentes de autofinanciación, autoregulación, autoexpansión, autorenovación y autogeneración.

## Flexibilizar el proceso asociativo.

La rigidez propia del asociacionismo conocido cede en beneficio de un asociacionismo en su mínima expresión que propicia una nueva dimensión del hecho asociativo que trasciende la tensión del asociacionismo convencional a la institucionalización, cualquiera que sea su grado, al posibilitar que, incluso, la mera voluntad de afrontar un determinado asunto de interés público constituya *per se* un hecho asociativo.

## Dinamizar el quehacer participativo.

Substituyen los procesos formales de adopción y ejecución de decisiones —el acuerdo democrático mayoritario— por procesos *ad hoc* que permiten expresar más directa y fidedignamente la voluntad popular, dando paso a una amplia gama de opciones participativas desconocidas por la democracia convencional.

## Prescindir de todo tipo de militancia o membrecía.

Instrumentos político eficientes de los que no es necesario ser militante o socio, sino sólo usuario.

## Socializar el liderazgo político.

Permiten la libre asunción de cualquier rol o papel, incluido el liderazgo de las propias propuestas, en el ejercicio de la participación política, merced a una progresiva socialización del protagonismo político que torna innecesario o superfluo y, en todo caso, prescindible, el periclitado rol minoritario de líder o dirigente, basado en la asunción exclusiva, permanente o rotativa, de la iniciativa, la dirección y la representación.

**Admitir la cohabitación de enfoques y actuaciones.**
Posibilitan una nueva dimensión del proceso asociativo-decisional que permite dar cabida en un mismo marco instrumental a enfoques, planteamientos y actuaciones divergentes e, incluso, antagónicos.

**Transformar la inacción en activismo político consentido.**
Logran que la inacción, merced a una previa aquiescencia pactada, se transforme en acción que opera en beneficio colectivo al aportar nueva energía y capacidad de influencia al nuevo activismo político que inspiran.

No obstante, la participación fraccionada —o sucesiva, desagregativoagregativa o por impulsos complementarios— no pasa de ser, hoy por hoy, una propuesta, receta o prospecto que se plasma: a) en un primer avance de prototipo genérico de útil político para el ejercicio, en un contexto ecociudadano, de los derechos fundamentales de asociación y de participación políticas —la instancia de participación fraccionada o IPF— y b) en una estrategia inicial *ad hoc* para para darla a conocer, profundizar en su concepción, ponerla a punto y propiciar procesos colectivos de experimentación y desarrollo cooperativo que la perfeccionen —la Estrategia ECOCIUDADANÍA 3.0—.

Herramienta y estrategia cuya explicación detallada se encuentra, respectivamente, en mis publicaciones *Asociacionismo blando y participación a la carta* y *Pasota o implicado.*

# ANEXOS

## VOCABULARIO DE LA PARTICIPACIÓN FRACCIONADA

### AAE, autoformación y acción ecociudadanas
Proceso de enseñanzaaprendizaje cívico y de participación creciente de la ciudadanía en el quehacer republicano global. Proceso interactivo permanente de enseñanza/ aprendizaje cívico y de participación creciente en la defensa de la *res publica* mundial, mediante el que los ciudadanos y las ciudadanas, insertos en un sistema global interdependiente y de frágil y precario equilibrio, cobran conciencia de su pertenencia a la sociedad sostenible y de responsabilidad colectiva; adquieren los conocimientos, los valores, las competencias y la experiencia para ejercer la ecociudadanía con todos los medios disponibles y se afanan en perseverar en su práctica.

### Acción ecociudadana, acción política ecociudadana
Acción política derivada de la autoatribución de legitimación plena para intervenir en el gobierno de la *res publica* planetaria, ya sea en la acepción más amplia de lo político, como en la restringida a aspectos concretos, como la paz, el medio ambiente, los derechos humanos, la cooperación al desarrollo, etc.

### Acción PF, acción de participación fraccionada, acción PF de cooperación
Agregación o agrupación de impulsos PF complementarios propios del proceso D+A del MPF.

### Acción PF de liderazgo
Acción PF, individual o colectiva, resultante de los impulsos PF de liderazgo.

### Actitud ecociudadana
Actitud cívica alternativa, responsable y solidaria, comprometida prioritariamente con la definición, formulación y defensa de los intereses comunes de los seres humanos, que constituye un acto de legítima profundización democrática y de emancipación ciudadana, coherente con el hecho histórico de la globalización.

### Activación, activación de un observatorio PF
Adopción pública de la decisión, individual o colectiva, de afrontar un determinado asunto de interés general mediante la participación fraccionada. Con la activación se inicia —activación inicial— el funcionamiento de un observatorio o se ponen en marcha en su seno subobservatorios y observatorios específicos —activación sucesiva— que pueden constituir nuevos marcos de iniciativa y control.

**Activación direccional, activación direccional de un observatorio PF**
Efecto sobre un observatorio de la acción PF de liderazgo que modifica su orientación. Constituye un reajuste asociativo-decisional del observatorio inducido por el principio de cohabitación cooperativa, que puede abrir vías de actuación divergentes o, incluso, antagónicas. Es exponente del asociacionismo blando y de la participación a la carta que propicia el MPF.

**Actoescritura**
(Del lat. *actus*, acción o ejercicio de la posibilidad de hacer, y *scriptūra*, acción efecto de escribir), modalidad de escritura en la que el autor sitúa determinados signos —*infoalfa, alfaflecha* y *geopeefe*— tras ciertos términos, frases o contextos con el fin de que el lector pueda ejercer la actolectura.

**Actolectura**
(Del lat. *actus*, acción o ejercicio de la posibilidad de hacer, y del b. lat. *lectūra,* acción de leer), modalidad de lectura durante la cual el lector dispone de la posibilidad de actuar. O, más precisamente, de aprovechar las oportunidades que le brinda el texto para intervenir en los asuntos públicos mediante la activación de los enlaces o hipervínculos incorporados a dos signos *ad hoc* que siguen a ciertos términos, frases o contextos —*infoalfa, alfaflecha* y *geopeefe—*.

**Afectación directa, principio de** (o principio de incumbencia)
Principio motivador del MPF que opera cuando la motivación del quehacer participativo, con respecto a un determinado asunto o situación, deriva esencialmente de la previa consciencia de cierto grado de afectación directa o de incumbencia personal.

**Agregación —agrupación— de impulsos PF**
Proceso espontáneo y consecuente de acumulación de impulsos PF en respuesta a las oportunidades PF proporcionadas por la previa desagregación del quehacer participativo.

**Alfaflecha**
Signo de propuesta de acción empleado en la actoescritura, compuesto con la letra alfa y el extremo puntiagudo de una flecha horizontal ($\alpha\!\!>$), que incorpora un enlace o hipervínculo, susceptible de ser activado por el lector para aprovechar las oportunidades de intervención en los asuntos públicos que le brinda el texto. Signo propuesto por el Proyecto INTER/SUR y empleado en WIKIACCIÓN.

**Ámbito virtual de ecociudadanía (AVE)**
Ámbito genérico de actuación de una asociación para la participación política que, una vez delimitado por acuerdo de sus miembros, queda fuera del control de sus órganos regulares de gobierno, gestión económica y representación. Ámbito específico del objeto social estatutario de la misma acotado que se abre al ejercicio de la técnica asociativo-decisional de la participación fraccionada.

**Aquiescencia pactada, principio de**
Principio modulador del MPF alusivo a la inacción o silencio deliberado definido previamente, en ejercicio consciente de la autonomía de voluntad, como
opción política válida. Actuación, que por su carácter voluntario, intenciona-
do, adrede, a propósito, al tiempo que previsto como alternativa dotada de
un significado expreso, no está sujeta a interpretación política. Posibilita la
incorporación del MPF a un instrumento asociativo-decisional convencional.

**Asociación para la participación política**
Cualquier agrupación ciudadana con personalidad jurídica, carente de ánimo
de lucro, constituida en el ejercicio de los derechos fundamentales de asociación y de participación, con la finalidad de intervenir, tras el acuerdo mayoritario de sus miembros, en cualquier ámbito material y espacial de la
actividad política, sin aspirar al desempeño de funciones gubernamentales.

**Asociacionismo blando**
Nueva dimensión del hecho asociativo, inherente al MPF, que trasciende la
tensión del asociacionismo convencional a la institucionalización, cualquiera
que sea su grado, al posibilitar que la mera voluntad de afrontar un determinado asunto de interés público mediante la participación fraccionada
constituya un hecho asociativo. *Vid.* Rasilla, L.; *Asociacionismo blando y
participación a la carta.*

**Autoatribución de legitimidad.** (*Vid* principio de ecociudadanía)

**Ciudadano/a de acción política, ciudadano/a de participación frac-
cionada, ciudadano/a PF,**
Ciudadano/a que, en el contexto de socialización del protagonismo político
que posibilita el MPF, opta por aprovechar las oportunidades PF que le brinda la IPF para generar impulsos PF y acciones PF, consciente de superar así,
la fatal convicción de la neutralidad de los actos que subyace a la generalizada sensación de que las acciones individuales carecen de repercusión general y no sirven para tratar de cambiar las cosas.

**Civeocio**
(*Cive*, del latín *civicus,* de *civis* relativo al ciudadano y ocio del latín *otium).*
Modalidad genérica de ocupación del tiempo libre orientada adrede a implementar, en mayor o menor grado, tanto la instrucción, como el ejercicio del
civismo.

**Civeturismo**
Variante del civeocio en el ámbito específico de la actividad turística.

**Cohabitación cooperativa, principio de**
Principio modulador del MPF asociado a las nociones de tolerancia, pluralismo y eficacia. Alude a la capacidad del MPF para propiciar esa nueva dimensión asociativo-decisional del asociacionismo blando y la participación a la
carta, que da cabida en un mismo marco instrumental a enfoques, planteamientos y actuaciones divergentes e, incluso, antagónicos.

**Complementariedad, principio de**
Principio operacional del MPF que asegura que los impulsos PF, que se agregan para producir acciones PF, lo hagan complementándose, posibilitando el carácter unidireccional, discrepante e, incluso, antagónico de éstas.

**Conectividad, principio de**
Principio operacional del MPF alusivo al imprescindible recurso a las modernas tecnologías de la infocomunicación y a la accesibilidad, a través de ellas, a los instrumentos políticos de aplicación de la técnica asociativo-decisional de la participación fraccionada.

**Confidencialidad opcional, principio de**
Principio modulador del MPF que aporta seguridad al quehacer participativo al contemplar diversas fórmulas de anonimia, dirigidas a minimizar o eliminar por completo el mayor o menor riesgo personal, de diversa índole, que puede aparejar al ejercicio del republicanismo.

**Cooperación, principio de**
Principio operacional del MPF que pone de relieve el carácter cooperativo —expreso o tácito— del proceso D+A.

**Democracia ciudadana**
Conjunción inteligente y equilibrada de democracia representativa, participativa, semidirecta y directa. La construcción de una democracia ciudadana exige: reducir la democracia representativa a sus justos términos, fomentar las vías y los medios de la democracia participativa, mejorar el acceso a los procedimientos de democracia semidirecta, ampliando sus esferas de actuación e introducir paulatinamente prácticas de democracia directa.

**Democracia ecociudadana**
Democracia ciudadana, legitimadora del ejercicio de la ecociudadanía, dotada de los instrumentos de enseñanzaaprendizaje y de acción políticas que se requieren al efecto.

**Derecho-deber de ecociudadanía**
Derechodeber de todo ciudadano/a, con independencia de su nacionalidad o eventual situación de apatridia, de participar directamente en los asuntos públicos que afectan a la comunidad internacional en su conjunto —*res pública planetaria*—, pudiendo recurrir para ello a cuantos instrumentos de acción política, individuales o colectivos, estime pertinentes.

**Desagregación-agregación del quehacer participativo, principio de**
Principio inspirador del MPF, inductor del proceso de desagregación-agregación (proceso D+A) del quehacer participativo que está en la base de la participación fraccionada.

## Desagregación de la acción participativa

Proceso inicial o previo de partición, división, fragmentación o descomposición de la acción participativa, inducido por la IPF, para generar oportunidades PF.

## Ecociudadanía; ciudadanía mundial, ciudadanía global

*Eco*, del griego *oixo* que significa casa, morada, ámbito vital... y *ciudadanía*, condición del nacional de un Estado, sujeto pleno de derechos y deberes, facultado para intervenir en su gobierno. Condición de todo ser humano, titular de una parte alícuota de la soberanía mundial, legitimado para intervenir, con independencia de su adscripción nacional, en cualesquiera asuntos públicos en pro del desarrollo humano de todos los habitantes del planeta, mediante la satisfacción de sus necesidades, sin comprometer el de las futuras generaciones.

## Ecociudadanía, principio de; autoatribución de legitimidad participativa, principio de

Principio motivador del MPF de autoatribución de legitimidad participativa en el gobierno de la res publica global, responsable de que la IPF incorpore la dimensión planetaria de la ciudadanía y el conjunto de funciones inherentes a su ejercicio.

## Ecociudadano/a

Ciudadano/a, consciente de su pertenencia a la sociedad sostenible y de responsabilidad global, que decide autoatribuirse, en el ejercicio de su plena autonomía de voluntad, legitimación para intervenir en el gobierno de la res pública planetaria y actúa en consecuencia. Ciudadano/a con actitud ecociudadana.

## Ecociveocio

(*Eco,* del griego *oixo* —casa, morada, ámbito vital...— para resaltar el ámbito planetario común de los seres humanos; *cive*, del latín *civicus,* de *civis* relativo al ciudadano y ocio del latín *otium*). Modalidad de civeocio que incorpora la dimensión global o ecociudadana.

## Ecociveocio, principio de

Principio complementario del MPF, responsable de que la IPF asocie la instrucción —y la autoinstrucción— cívicas y el ejercicio del derecho de participación política al creciente fenómeno del ocio.

## Ecociveturismo

Modalidad de civeturismo que incorpora la dimensión global o ecociudadana.

## Ecociveturismo, principio de

Principio complementario del MPF, responsable de que la IPF asocie la instrucción y la autoinstrucción cívicas y el ejercicio del derecho de participación política al creciente fenómeno de la movilidad derivada de la actividad turística.

### *Ediacción*

Del latín *editǐo, ōnis* y *actǐo, ōnis,* edición que incluye recursos para la acción. Vocablo que aporta a la literatura, y a la escritura en general, una función inédita e insospechada inductora de la inexorable transición hacia la actolectura generalizada del futuro. Función que presupone la incorporación de adelantos por venir en el ámbito de la ingeniería política y social hoy inimaginables. Original simbiosis entre literatura y política que, al abrir de par en par las puertas a la actoescritura, condicionará el hecho mismo de escribir y de editar. Término, asociado al modelo de participación fraccionada, propuesto por el autor en 2015 y desarrollado en *De la edición a la ediación: en la senda de la actoescritura y la actolectura.*

### Efecto moderaciónadulteración

Pérdida de autonomía que conlleva la moderación y adulteración de sus objetivos y estrategias susceptible de afectar a las asociaciones de participación política al ser controladas o absorbidas por  instituciones gubernamentales. Trance de moderación, abdicación e integración institucional, demasiado frecuente, que suele acarrear la pérdida del vigor y la libertad crítica y la merma de la confianza ciudadana.

### Ejercicio de observatorio

Actividad de AAE programada adrede para el desempeño de la función I+C en el seno de un observatorio o subobservatorio en funcionamiento. Puede formar parte de una actividad ecociveturística, o puede desarrollarse en un aula o taller presencial o llevarse a cabo a distancia, vía internet. Su objetivo es el adiestramiento en la técnica asociativo-decisional de la participación fraccionada, mediante la puesta a disposición de los participantes de oportunidades PF prediseñadas al efecto.

### Estrategia ECOCIUDADANIA 3.0.

Estrategia para la experimentación y el desarrollo cooperativo del MPF y la IPF. Inicialmente incluye las iniciativas PAUTA/ecociudadana, INTERUNIVERSIDAD ABIERTA y WIKIACCIÓN. *Vid.* Rasilla, L. *Pasota o implicado.*

### Fragmentación, principio de

Principio responsable de la inducción por la IPF del doble proceso interactivo de desagregación de la acción o quehacer participativo y de agregación de impulsos PF característicos del MPF.

### Función asociativo-decisional, función A+D

Función de la IPF que modula la realización práctica del quehacer asociativo-decisional convencional al incorporar las nuevas dimensiones del asociacionismo blando y de la participación a la carta, propias del MPF.

### Función de enseñanzaaprendizaje, función E+A, función aula

Función de la IPF para la instrucción —y autoinstrucción— cívica en el ejercicio del derecho de participación política.

**Función de encuentro y debate, función E+D, función foro**
Función de la IPF dirigida a posibilitar el encuentro y el intercambio de ideas
—a distancia y presencial— entre sus usuarios.

**Función de información y asesoramiento, función I+A, función de asesoría**
Función de la IPF dirigida a facilitar que el ejercicio del republicanismo pueda
llevarse a cabo con un adecuado conocimiento de causa en el manejo de los
asuntos públicos, en su dimensión ecociudadana.

**Función de iniciativa y control, función I+C**
Función de la IPF que concierne, de un lado, a las tareas de concepción,
diseño, presentación y/o ejecución, por parte de la sociedad civil, de iniciativas consistentes en propuestas de soluciones a todo tipo de problemas concretos con relevancia pública; de otro, a las de comprobación, fiscalización
y, en su caso, denuncia de cualesquiera acciones u omisiones con incidencia
en los asuntos de interés general. Puede desdoblarse en sendos componentes, expresándola con el binomio I+C. Su plataforma o soporte específico en
la IPF es el observatorio PF.

**Función de recopilación y almacenamiento, función R+A, función archivo/registro**
Función de la IPF que proporciona el archivo PF para el ejercicio de la participación fraccionada.

**Función de coordinación y gestión, función C+G, función de agencia**
Función de la IPF de respaldo logístico al ejercicio de la participación fraccionada incorporada a su *app PF* y complementada con el apoyo de organizaciones soporte.

**Función de vigilancia y garantía, función V+G, función de defensoría**
Función de la IPF orientada a la seguridad de sus usuarios y de las personas
o instituciones afectadas.

**Geopeefe**
Contracción de generador de oportunidad de participación fraccionada —que
se expresa en la actoescritura con el signo **gOPf**— que incorpora un enlace o
hipervínculo susceptible de ser activado por el lector que desee publicar en
*Internet* sus propias propuestas de acción.

**Impulsos PF de liderazgo**
Decisiones políticas ciudadanas, individuales o colectivas, que agregan o
agrupan complementariamente impulsos PF de cooperación generando acciones PF de liderazgo.

**Impulso de participación fraccionada, impulso PF, impulso PF de cooperación o impulso PF sucesivo de cooperación**
Acto de participación política, individual o colectivo, realizado a través de
una IPF, en respuesta a una oportunidad PF, capaz de complementar —o de

ser complementado por otros— para agregarse o agruparse como acciones PF.

**Infoalfa**
Signo iα empleado en la actoescritura que incorpora un enlace o hipervínculo, susceptible de ser activado por el actolector, para obtener información que le ayude a actuar con conocimiento de causa

**Instancia de participación fraccionada, IPF**
Prototipo genérico de instrumento político de nueva generación, autónomo, plural, autoinstructivo, virtual e interactivo, para el asociacionismo blando y la participación a la carta, capaz de desencadenar un quíntuple y permanente efecto de autofinanciación, autoregulación, autoexpansión, autorenovación y autogeneración, dotado de una *app PF* y susceptible de uso individual y colectivo, por un número indeterminado de ecociudadanos/as PF. *Vid*. Rasilla, L.; *Asociacionismo blando y participación a la carta*.

**Liderazgo abierto, principio de**
Principio modulador del MPF que incorpora a la IPF la extensión del principio de rol variable al ejercicio de liderazgos, representación y portavocías espontáneos y cambiantes.

**Modelo de participación fraccionada (MPF)**
Técnica asociativo-decisional inédita que, por la interacción de las modalidades de asociacionismo y de participación extremadamente flexibles que propicia y la incorporación explícita de componentes cívicos o republicanos en los hábitos placenteros de los seres humanos, asociados a su creciente movilidad real o virtual, es susceptible de inspirar instrumentos políticos de nueva generación, aptos para estimular exponencialmente la autoformación y la acción políticas de modo directo, generalizado, eficiente, en condiciones de autonomía y pluralismo y sin restricción alguna.

**Observatorio PF, observatorio de iniciativa y control, observatorio I+C, observatorio de participación fraccionada, observatorio ecociudadano**
Soporte o plataforma virtual *ad hoc* para el ejercicio, individual o colectivo, de las funciones ecociudadanas de I+C de la IPF, mediante la técnica asociativo-decisional de la participación fraccionada.

**Observatorio aula**
Observatorio PF en el que prima la finalidad didáctica.

**Observatorio específico**
Observatorio PF, inducido o no por un observatorio o subobservatorio anterior, que abre un nuevo ámbito genérico de observación.

**Observatorio laboratorio**
Observatorio PF en el que prima la finalidad experimental.

**Observatorio marco**
Observatorio PF genérico concebido para dar cabida en su seno a subobservatorios.

**Observatorio de resultado**
Observatorio PF propiamente dicho en el que prevalece la intencionalidad de alcanzar un objetivo político, bien proponiendo o buscando soluciones —observatorio de iniciativa— o ejerciendo el control del poder —observatorio de control—.

**Oportunidad de participación fraccionada, oportunidad PF**
Opción participativa, propia del MPF, resultante de la descomposición o fraccionamiento del desarrollo potencial del quehacer participativo.

**Participación a la carta**
Dimensión del quehacer participativo inherente al MPF que sustituye los habituales procesos formales de adopción y ejecución de decisiones, basado en el acuerdo mayoritario, por procesos D+A que aprovechan la previa desagregación del quehacer participativo en oportunidades PF, para la aportación de impulsos PF, que pueden agruparse y ordenarse complementariamente como acciones PF. *Vid.* Rasilla, L.; *Asociacionismo blando y participación a la carta.*

**Participación fraccionada, PF, Modelo de participación fraccionada**
Técnica asociativo-decisional de nueva generación inspirada en el MPF.

**PAUTA, Plataforma para la autoformación y la acción**
Original y potente prototipo de soporte genérico para la autoformación y la acción capaz de desencadenar procesos autoexpansivos exponenciales, garantes de su propia continuidad, autorenovación y autofinanciación. Recurso educativo *sui géneris*, susceptible de usarse en cualquier proceso de enseñanzaaprendizaje que pretenda ser abierto, colectivo, mixto, polivalente, flexible, permanente, autónomo, plural, comprometido, atractivo, desinteresado, asequible, accesible, autofinanciable, autorenovable, potencialmente ilimitado, transferible, útil, eficiente, y dinamizador. Concebido en el ámbito del Proyecto INTER/SUR para llevar a cabo procesos de autoaprendizaje y participación a gran escala.

**PAUTA/ecociudadana**
Plataforma para la autoformación y la acción diseñada ex profeso para experimentar colectivamente, expandir con facilidad el MPF y generar con rapidez en la sociedad civil hábitos autoformativos y participativos de naturaleza ecociudadana.

**PAUTA/ecociudadana universitaria**
Pauta/ecociudadana promovida y organizada en estrecha colaboración entre centros universitarios y organizaciones civiles. Integra la Estrategia "ECOCIUDADANÍA 3.0.

**PFp, iniciativa; iniciativa de participación fraccionada piloto**
Iniciativa, incorporada a la *Estrategia "ECOCIUDADANÍA 3.0*, para la experimentación, perfeccionamiento e implementación del *MPF* y de la *IPF* y de aplicación de la *participación fraccionada* a los instrumentos convencionales de participación política.

**Proceso de desagregación-agregación, proceso D+A**
Proceso, inspirado por el principio de desagregación-agregación del quehacer participativo, propio del MPF, mediante el que éste se desagrega fraccionándose en oportunidades PF, que pueden transformarse en impulsos PF para, agregándose o agrupándose complementariamente, generar acciones PF.

**Proyecto INTER/SUR PARA LA ECOCIUDADANÍA; Proyecto INTER/SUR para la innovación política y educativa, Proyecto INTER/SUR, INTER/SUR**
Proyecto no gubernamental de investigación en el ámbito de la ingeniería política y social, autónomo, plural y sin ánimo de lucro, cuyo objeto es la innovación política y educativa y, especialmente, la investigación y la experimentación colectivas de instrumentos alternativos de intervención en los asuntos públicos a escalas local, estatal, regional y global.

**Publicidad o transparencia, principio de**
Principio operacional del MPF que asegura la publicidad o transparencia permanente del proceso D+A.

**Red de participación fraccionada (RPF)**
Propuesta de red basada en el MPF, que puede asociarse a la World Wide Web (WWW) para encauzar la senda del presente y venidero *homo ociosus* hacia un ocio autoinstructivo, creativo y vigilante en lo político, orientado a la defensa de la *res pública* global, capaz de contribuir decisivamente a franquear los escollos al ejercicio directo de la ecociudadanía

**Republicanismo**
De *res publica*, cosa pública; distinta de *res privata* o cosa privada y de *res institutionale* o cosa institucional, viene república. Dícese de la preocupación de la sociedad civil por los asuntos públicos.

**Republicanismo global (*vid.* republicanismo)**
Republicanismo ejercido con actitud ecociudadana.

**Rol variable, principio de**
Principio modulador del MPF que incorpora a la IPF la libre elección y en todo momento del papel o rol que deseen desempeñar.

## Intervención del Prof. Ramón Soriano, catedrático de filosofía del derecho de la Universidad Pablo de Olavide de Sevilla, en el acto de defensa pública de la tesis [54] del autor.

Universidad de Huelva
25.05.09


Envuelto en la bruma mañanera y mágica de Castaño del Robledo meditaba como hacer la defensa de la tesis de Luis en calidad de codirector, e inicié el guión consabido, que tantas veces he redactado: valoración de la metodología, de los contenidos, de los temas clave... y aquí, en este tramo, abandoné mi empeño... la pluma se enquistó entre mis dedos. No —me dije—, la tesis de Luis no merecía este protocolo acostumbrado, porque su tesis, la tesis de Luis, no era una tesis habitual. Tiré a la papelera mi breve guión y comencé a redactar estas páginas que leería íntegramente ante Vds. para no perder ni una letra. Siempre he intervenido en estos actos académicos sin papeles, pero esta vez haría una excepción. La ocasión lo merecía.

El tribunal no está ante una tesis más, una de tantas tesis de un recién licenciado, que con escasa formación y menos experiencia aborda un tema concreto. Estamos ante la tesis de una vida de acción y reflexión sobre la política y los actores políticos. La tesis de toda una vida, la vida de su autor, donde hay una directa imbricación y refuerzo entre teoría y práctica, acción y reflexión. Luis sigue el ejemplo de aquél ilustrado del siglo XVIII, Thomas Paine, que hizo las dos revoluciones liberales, la americana y la francesa, y al tiempo que las hacía en primera fila escribía sobre ellas. Thomas Paine, autodidacta, el liberal ameri-

---

[54] *El modelo asociativo-decisional de participación fraccionada para la autoformación y la acción políticas en el horizonte de una ciudadanía mundial,* Universidad de Huelva, 25.06.09.
http://www.proyectointersur.org/archivoportada_files/archivogeneral/tesis/portada.htm

cano más avanzado, convertía en escritura ágil y directa su acción política revolucionaria. Fue un visionario, un adelantado de su tiempo, un incomprendido, que defendía temas tan actuales (de nuestro tiempo, no del suyo) como las responsabilidades y obligaciones entre generaciones y el derecho a una renta básica universal. Como Paine en el siglo XVIII, el siglo de las Luces, Luis es un visionario, un adelantado de nuestro tiempo, un incomprendido, que actúa y escribe, que hace escritura de su acción y convierte su acción en escritura.

**Intervención del Prof. Ramón L. Soriano Díaz en el acto de defensa de la tesis del autor**

Se ha puesto de moda hablar ahora de los políticos de raza. Se ha dicho muchas veces de Fraga Iribarne que es un político de raza y he leído recientemente en la prensa que mi profesor de Derecho del Trabajo, Manuel Chaves, presidente autonómico casi vitalicio y vicepresidente del Gobierno, es todo un político de raza. Políticos de raza porque sobreviven en las turbias aguas de la política y los políticos. Políticos de raza porque consiguen convertir la política en la profesión de sus vidas. Pues yo tengo que decir a este tribunal y a este auditorio que no he conocido a nadie que se merezca más que Luis el título de político de raza, pues Luis vive constantemente en la política, reflexionándola, recreándola, transformándola. Ha hecho de la política su modo de vida. Hay políticos de raza, como los citados, que viven la política desde sus pingues cargos públicos, desde las satisfacciones que da el ejercicio del poder, desde la cobertura que les proporciona sus partidos políticos, cuyos intereses concretos defienden. Luis es un político de raza de la sociedad civil, sin cargo retribuido, sin las ventajas y beneficios del poder ejercido, sin el cobijo de un partido político, defendiendo intereses sociales generales (no intereses partidistas o personales), que frecuentemente le deparan no pocos contratiempos y perjuicios. En pocas palabras, Luis es el político de raza de la sociedad civil.

La tesis de Luis es un constante pensar sobre las carencias del modelo vigente de democracia, la democracia representativa exclusiva y excluyente de otros modelos democráticos, y una propuesta de alternativas para la superación de este modelo. En nuestro común libro, *"Democracia vergonzante y ciudadanos de perfil"* (que se vende como rosquillas y del que no recibimos ni un euro, dicho sea de paso) coincidimos en definir la democracia como una conjunción armónica de menos democracia representativa, más democracia directa y envolviendo a ambas, lubrificándolas, la democracia participativa formada por grupos de ciudadanos de acción política. Grupos de ciudadanos al margen de los partidos políticos que hacen la pequeña, necesaria y eficaz política que Vds. pueden observar en los observatorios ciudadanos del Proyecto INTER/SUR.

Pues bien, en este proceso de construcción de un nuevo modelo de democracia es vital una nueva concepción de la participación política, pero ambos elementos (democracia y participación) exigen previamente, según Luis, una nueva concepción de la pedagogía. Sin el aprendizaje de lo que llama Luis principios de una participación política fraccionada no llegaríamos a un nuevo modelo de democracia. He ahí los tres elementos: democracia, participación y pedagogía. Son los tres mismos elementos que también otro autor del siglo XVIII, otro visionario, Jean Jacques Baptiste Rouseau, trataba de imbricar en la construcción de un nuevo modelo de democracia, que rebasaba  los esquemas de los modelos que defendían y explicaban sus correligionarios de la Enciclopedia, pues es el caso que Rousseau, l'enfant terrible de su tiempo, no solo era un incomprendido para los intelectuales del Acien Régime sino para sus compañeros de viaje, los espíritus liberales coetáneos. Luis, autodidacta, quizás sin saberlo, está caminando por el sendero que el incomprendido Rousseau trazó hace más de dos siglos, un sendero de dificultad alta con numerosos cruces en el camino por los que es fácil perderse, pero que merece ser recorrido.

Este fin de semana, recorriendo el sendero que va de Castaño a Jabugo, mi patria chica, me perdí. En un cruce tomé el camino hacia Galaroza y no hacia Jabugo, pero inesperadamente divisé un paisaje bellísimo e inesperado, con el agua cantarina de un río que transcurría por una vaguada a mi izquierda. Mereció la pena perderme en el camino. Y merece la pena, Luis, que tú te pierdas en tu continuo e inevitable  repensar la política que se ha apropiado de tu persona, pues bien merece la pena seguir los pasos de Rousseau. Pedagogía, participación, democracia. He ahí la cuestión: en el siglo XVIII y en el nuestro. La asignatura pendiente de la Filosofía Política.

regresa pág. 11

# *CÓDIGOS QR* DE OBRAS DEL AUTOR

LA
COOPERACIÓN
ESPAÑOLA AL
SUBDESARROLLO
DE GUINEA
ECUATORIAL

Oportunidades perdidas y propuestas
frustradas en la década de los ochenta.
Relato documentado de un cooperante

LUIS DE LA RASILLA

PLATAFORMA MULTIMODAL

DE INTERCONEXIÓN

CIVETURÍSTICA y OCUPACIONAL

Luis de la Rasilla

Rumbo a una democracia inexplorada:
100 ideas y propuestas inéditas

EURÍDICE Y YO
Luis de la Rasilla
2021

AZAR DE AZAHAR
Luis de la Rasilla
I parte de la trilogía
NOTICIA DE UN AMANECER FUGAZ

QUIEBRA EL ALBOR
Luis de la Rasilla
II Parte de la trilogía
NOTICIA DE UN AMANECER FUGAZ

DESPIERTA
la LIBÉLULA
Luis de la Rasilla
III Parte de la trilogía
NOTICIA DE UN AMANECER FUGAZ